The Practicing Mind

Developing Focus and Discipline in Your Life:
Master Any Skill or Challenge by Learning to Love the Process

練習的心境

學習、職場、人際、教養全適用的刻意練習心法

湯姆士・史坦納（Thomas M. Sterner） 著
陳繪茹 譯

目錄

第一章

學習，從此開跑

第二章
重歷程而非結果

第三章
一切都取決於觀點

第四章
培養理想的習慣

第五章
培養耐心，從改變觀點開始

第六章
將練習心境融入生活中的四個關鍵S

第七章 隨遇而安和DOC法

第八章
教孩子，也從孩子身上學習

第九章
你的技能在成長

謹獻給我的母親瑪格麗特・史坦納。

您以溫和性情和內斂寡言，教導了我許多許多。

誠摯推薦

「容易放棄」是許多人的罩門，我也不例外。如果你覺得自己和「耐心」無緣，這本書會是你的知音，讓你找到眞正活在當下的樂趣。

——柚子甜，《專注，是一種資產》作者

練習二字看似樸實，卻深具力量，更是在未來站穩自身腳步的強力工具。閱讀本書，帶你掌握練習的關鍵心法。

——蘇益賢，臨床心理師（著有《練習不壓抑》《練習不快樂》等練習二書）

湯姆士．史坦納的書對我生活的各個面向都提供了實用資訊。讓我在帶領企業上更有效率，公開演講時更撼動人心，教養子女也較用心留意，就算是閒暇之餘的嗜好，我也更能樂在其中且不斷進步。《練習的心境》讓我了解邁向目標的過程就像目標本身一樣重要，甚至更爲意義深遠。人生不在追求終點，而在生命的歷程，感謝史坦納先生讓我愛上這一步一腳印。

——萊夫・希提諾，金融人士

《練習的心境》深入探討如何將困難挑戰轉化爲不懈的努力，書中提供的做法實用易懂，讓人就算面對再艱鉅或乏味的歷程也能轉換觀點。湯姆士・史坦納教導了讀者如何在追求目標時以正念（mindfulness）專注於過程，好在面對超出自己所能控制的結果時，擺脫可能衍生的羈絆枷鎖。如果大家都能內化史坦納先生的眞知卓見，就能減少許多苦痛掙扎。

——瑪妮・K・瑪可麗達吉絲，《Creating Time》作者、Artellaland.com 創辦人

湯姆士・史坦納的《練習的心境》呈現了少見的稀有組合：提供了清楚實用的整套步驟，幫助讀者專注於努力；而本書的理論部分同時也有助於調整預期目標和價值觀，讓人清楚了解歷程和結果的不同、進步和目標的差別。我大力推薦

這本書。

——史考特・A・戴維森博士，莫海德州立大學哲學系教授、《On the Intrinsic Value of Everything》作者

湯姆士・史坦納點明了一個矛盾的人生哲理：真正的成就需要耐心和自律促成，但要成功培養這兩項特質又必須具備耐心和自律。接著，他從自身經驗中汲取實用的範例，一步步帶領讀者透過正念化解這項矛盾，教導讀者如何處於當下、在觀察時不帶批判，從中啓動自己的學習本能。有趣的是，只要接納並運用《練習的心境》中以歷程爲導向的做法，無論處於哪個領域，努力的結果都能夠超出預期。

——麥可・葛柏，《七個祕密》《這樣做，大腦愈用愈聰明：開發腦潛力的八個關鍵》作者

我每天都運用《練習的心境》中的技巧。從商界領袖到在高爾夫球場上揮桿

的青少年都深受這套方法的幫助。我也向所有的學生推薦這本書，因為他們將因此在球技和人生上受益。

——艾力克．麥克倫，美國職業高爾夫球協會駐愛波克羅斯鄉村俱樂部高爾夫球教練團團長

了不起的表現究竟從何而來？湯姆士．史坦納不僅知道，還觀察出解答中的深奧。

——傑夫．科文，《我比別人更認真》作者

湯姆士．史坦納的這本書既實用又值得深思，探討了練習背後常被忽略的科學和藝術。字裡行間滿是細膩的研究和啟發人心又有趣的個人故事。無論你想精進的領域為何，都應該閱讀本書並持續練習！

——羅伊．鮑梅斯特，《增強你的意志力：教你實現目標、抗拒誘惑的成功心理學》作者

在追求立竿見影的現代社會，湯姆士．史坦納的《練習的心境》似乎更像一本諷刺作品。本書主軸在於放慢腳步、更凝聚心神於當下，以及加強自律和專注，史坦納的智慧在深入淺出的字裡行間熠熠生輝……這本精采的小書提供的資訊足以讓人終生咀嚼思考並實際運用。

——Roundtable Reviews

前言 愛上練習過程的心境是可以培養的

生命中眞正的平靜和滿足，來自於了解生命其實就在**投入過程**，是一條由自己決定是否爲神奇歷程的長路。

《練習的心境》談的是將本身多少已累積的記憶喚出，並和當下連結，如此讓自己就定位、蓄勢待發地踏上旅程。本書將帶領讀者重新認識自己在習得某項技能時的歷程，只不過當時的你可能並不明白其中**過程**的象徵意義。這本書也在提醒讀者，人生說穿了就是一場綿長的練習，構成日子的其實正是不斷調整身心方向的努力歷程。

大家都知道，學習樂器或要練出扎實的高爾夫球揮桿技巧等技能，都少不了耐心。可是其實人生這趟旅程就在要求（甚至是強迫）我們有意識或無意識地克服挑戰，以達到熟習的程度。我們常常忘記其實在生命初期，從學習走路、表達思想和感受等，人人都是「從零開始」，渴望和需求促使我們逐漸熟習這些技巧，一步又一步、一個音接著一個音——而且毫無掙扎猶豫地努力著。努力學習音樂或高爾夫球等技巧，其實正是所謂的「練習」歷程：抱持著具有目標的意識和達到特定目標的心態，一再重複某項活動。

在步調過快又壓力過大的現代社會，「技能」常用來形容某種個人資產，例如「這並不是我的技能」，同時人們也逐漸認知到具備多樣技能的價值。諷刺的是，我們卻往往未能了解，若想以最少的努力和最快的速度發展任何技巧、又希望心情平靜且過程愉悅，這本身其實就是一種技能，也需要持之以恆的練習才可能輕鬆練就如渾然天成。

若能專注在體驗人生歷程，並投入其中，無論是追求個人理想或面對逆境，原本因爲執著於目標而產生的壓力和焦慮都會大爲減輕，不再緊守著「不達到目標必無法快樂」的執念。這種「目標」有可能是某個還沒走訪的地方，也許是目前還未擁有、但某天將得到的東西——我們就這麼相信只要達到目標便等於人生圓滿。

如果能將原本**緊抱目標**的自己，巧妙轉變爲專注於**達成目標**並在歷程中尋求樂趣，這就像是多了一項新技能，且一旦精熟此道，便能發揮神奇的強大功效。

面對具備這項「技能」的人，我們常會聯想到自律、專注、有耐心、有自知之明等特質，這些重要美德往往也與內在眞正的平靜和知足密不可分。人只要具備這項技能，就等於擁有拓展人生的能量，不然便會被自己散亂且反覆不定的努力、夢想和方向所限制。

《練習的心境》能幫助讀者了解這項技能，像是運用本能般將其發展提升，並讓讀者明瞭現代社會如何不停地要人們反其道而行。本書的主軸在於：**學習活在當下並轉為歷程導向**，能引領人踏上魔法路程，鑄造出美好的堅毅心性以自處和生活，並從中學習享受人生旅程。

人生中所有值得努力達成的事物，都少不了練習。其實人生說穿了就是一場綿長的練習，我們時時刻刻都在努力釐清方向，若是能理解適當的練習機制，學習新事物便是一場喜悅平靜的歷程，不僅毫無壓力，還能讓自己在生活的各個面向上都安然鎮定，同時也有助於洞徹人生的各種挑戰。

第一章
chapter 1
學習，從此開跑

The Practicing Mind

Developing Focus and Discipline in Your Life—
Master Any Skill or Challenge by Learning to Love the Process

若是不了解正確的練習機制，不清楚自己內在的運作，初期鼓舞我們踏入新領域的決心和動力恐怕終有消逝之時，使得不久前還看似值得努力的目標顯得遙不可及。

學習高爾夫球讓我認知到自己學習音樂所犯的錯誤，來自於未能了解正確的練習機制，不懂得設定目標的過程，也不明白之後應該如何穩健地針對目標下工夫，才能學會免除學習技能時常見的沮喪和焦慮。

我小時候曾經學過吉他，當時我年僅四歲，記憶尚淺，不過回顧當時彈的樂曲，我學到的吉他技巧還眞不少。儘管如此，我學了兩年後便放棄了，之後幾年在音樂上少有琢磨。九歲時，我和許多孩子一樣開始學彈鋼琴，這次也只維持了短短十個月，放棄的原因是因爲實在很不喜歡練琴。爲什麼會排斥練習呢？大概是因爲無聊又困難，而且總感覺自己在原地踏步。雖然當時這種想法可能沒錯，但追根究柢其實是因爲當時的自己並不擅於練習樂器，甚至可以說對於任何練習都一竅不通，可惜當時我還不夠成熟到明白這一點。儘管如此，出於對音樂的熱愛，我最後仍舊重回鋼琴的懷抱，在學習之路上也持續向前。

我的音樂之路：從排斥練習到渴求練習

青春期晚期和二十歲出頭的我，當時還單身，奮力投入音樂學習，頗有成果。幾乎任何風格的作曲和編曲都難不倒我，我也曾在不同場合中演出，從最高級的鄉村俱樂部到最不入流的酒吧都有。

花了不少錢成立高檔錄音室之後，我認識了一些較知名的詞曲創作人和歌手，音樂種類廣及流行、爵士和鄉村。到了二十五歲左右，就一般標準而言，我稱得上是優秀的音樂人了。

這條音樂成長之路依舊持續，到了約莫三十五歲時，我發覺自己對於練習的感受已變得截然不同，那時候的我對於練習和學習任何事物都充滿熱情，並且透過沉浸於當下的活動來遠離日常生活中的壓力。如果因故沒有機會練習，哪怕只是某個高爾夫球揮桿方法，我甚至會因此感到不平。更重要的是，我也開始明瞭**生活就是不同形式的練習**。

在這樣的體悟之前，我和大多數人一樣誤以為「練習」二字只適用於音樂、舞蹈和繪畫等藝術形式，從沒想過其實面對鬧情緒的孩子、工作量爆表或每月預算過緊，都可以運用學習音樂的原則來處理。

開始鑽研「練習的心境」

我對於生活、自律和練習的理解逐漸增加，也開始投入研究「練習的心境」。除了理出練習心境的基本原理，我也觀察自己如何將這些基本功應用於日常生活中，以及運用的時機和頻率，希望能更明白自己的觀點究竟經歷了何種改變，能在學習新事物時採取有別於從前的看法。是因爲長大變得成熟，又或應該歸功於某些更具體細微且啓發心智的因素？雖然我的生活方式確實不同於以往，後來的新生活機制究竟又有何不同？這些都是我渴望解答的問題。

當時的我還沒察覺到，從小學習音樂的經歷其實已經替我奠下基礎，有助於進一步了解在追尋解答時的心智歷程。那些人生早期的學習經驗（包含希望所學有成，但是當時仍在和缺乏自律的自己抗戰），其實一路上都有助於我了解人爲何用心費力卻仍會失敗。音樂學習之路上的成敗，成爲我隨時隨地用來對照生活經驗的指標，因此學習音樂也成爲貫徹本書的主軸。雖然學習音樂令我受益匪淺，不過讀者就算未曾有相關經驗，也必定能在相關段落上感同身受，畢竟練習的心境的本質存在於生活的所有面向，各位閱讀我的經驗必定會因爲自身類似的狀況而心有戚戚焉。

學習高爾夫球，對於練習的觀點從此改變

儘管音樂對我的學習過程影響深遠，但是在日常生活激起改變動力的卻並非音樂。當時三十出頭的我，因爲聽了妻子的建議而開始學高爾夫，對於練習的觀點才因此而改變。回想起來，早年學習音樂的經驗之所以未能促使我有意識地改變，應該是因爲距今已過於久遠。三十出頭的我具備的音樂技能好似渾然天成，練習時也自然如本能，當初在學習上掙扎苦惱的自己恍如從人間蒸發，不過當時才開始接觸的高爾夫球，就是全然陌生的領域，我對此毫無所知，對這項運動完全沒概念。

學習初期，岳父會帶我到他的球場上打球，當時我的球桿都是租來的。沒多

久我就開始感到沮喪不耐，更糟糕的是根本沒見到任何高爾夫好手。當時身邊玩高爾夫球的人從事這項運動的時間，其實和我學鋼琴的時間差不多，但水準幾乎都還在初階，不僅球技慘不忍睹，對於如何調整、矯正似乎也毫無頭緒。

換言之，雖然這些人已經打了這麼多年的高爾夫球，卻依然未能練就揮桿的基礎技巧，球往往不朝目標移動，而他們卻只能一頭霧水地原地踏步，但是明明這些年下來應該要能讓球飛個幾百碼達到目標，而且應該有能力控制球的高低和左右去向。就這樣，這群人對於正確揮桿毫無概念，對於自己打球的方式全然不察，如此對於基礎技巧一片空白，日復一日、一次又一次地打高爾夫球，卻期待著打出不同的結果。這種情形若是以學習音樂來看，就像眼睜睜看著某人明明學彈鋼琴二十年，卻因爲不明白應該是手指出力而非手肘，因而總是只能氣餒地彈著單音。

雖然我算得上四肢發達，但從小到大在任何運動項目上表現都不出色，這一點大概卻是最大的優勢，因爲我相信自己必須有專人指導一步步向前，才不會成爲身邊那些一輩子都爲高爾夫球球技苦惱的人。此外，由於從小到大我一直嘗試學習樂器（除了吉他和鋼琴，我也學了直笛和薩克斯風），自然預期在熟習技巧上要想表現穩定又得到快樂，必然得投注時間並付出努力。因此我從不認爲學打高爾夫球能輕鬆迅速就上手，雖然我彈得一手好琴，仍謹記自己在其他樂器上學習不盡理想，同時不爲此氣餒卻步。我爲自己打氣，想著長大的自己有著成人的心智和過去失敗經驗的教訓，深信這一切都有助於在新的學習領域上突破層層關卡。

學習高爾夫球讓我認知到自己學習音樂所犯的錯誤，其實來自於未能**了解正確的練習機制**，不懂得**設定目標的過程**，也不明白之後應該如何穩健地**針對目標下工夫**。不過，最重要的收穫大概莫過於學習到如何在目標達陣之餘，免除學習技能時常見的沮喪和焦慮。

心境能影響一切，讓人長出耐心

因爲學習高爾夫球，我頭一次有機會將這些機制彙整成一套實用可行的方法當參考。在此之前的我就像其他人一樣，希望自己只要朝個人的高遠目標、毅力十足地努力，自然應該就能從中得到樂趣和益處；當時想體驗的是鎖定目標之後，不畏阻礙和挫折，穩扎穩打地向前邁進，從中汲取自我探索的經驗。然而，對於學習的渴求卻只是第一步。若是不了解正確的練習機制，不清楚自己內在的運作，初期鼓舞我們踏入新領域的決心和動力恐怕終有消逝之時，使得不久前還看似值得努力的目標顯得遙不可及。

我曾問自己爲何要如此痲煩費心？究竟這和生活有何關聯？了解練習的心境並加以發展訓練，又是如何影響人時時刻刻的經驗、成果和所能，以及我們自己呢？答案很簡單：**心境能影響一切**。心境就像我們用來勾勒生活的空白頁，除了繪畫內容之外，還決定了我們究竟能夠畫些什麼，也影響了人看待他人和自己的觀點，以及我們將蛻變成何種人。這其中的心態就由**自我紀律**和**自我覺察**組成，人因此對於自我、他人和生活能夠耐心以對，也是賦予自己最強大又極具意義的禮物，而且的確只能出於自身。

練習讓人平靜，完全不浪費能量

現今的文化講求一心多用（multitasking，又稱多工），這個詞彙之所以常成爲重點不僅是爲了提升（似乎永嫌不足的）競爭力，甚至還攸關立足生存。於是我們不僅就此自我教育，也將這種觀念灌輸在孩子身上。現代人總是同時間一身多做、一心多用。

以駕駛汽車爲例，多數人發動引擎之後的第一個動作是什麼？就是開廣播。我們邊開車邊聽廣播，若是有人同行，還會同時交談，獨自一人便可能會講手機。這時候一顆心必須同時忙於許多活動，氣力也十分分散，雖然如此會使人筋疲力盡，在運作日益急速的今日社會竟成了常態，儘管有時候一心多用的程度可能嚴重到荒謬，我們卻也不再對此感到懷疑。

多年前，我帶女兒參加學校替六年級舉辦的溜冰派對。我告訴女兒，自己會在她溜冰時默默坐在觀眾席看書。我眼觀耳聽，觀察了溜冰場，發現有六台大螢幕高架在溜冰場正前方，這也是換穿溜冰鞋的地方，每個螢幕播放著不同的頻道，音量大到好似在相互競爭；溜冰場播放著高分貝音樂，還有個電玩區，裡面的六、七台大型電玩也各自大聲嘶吼著；溜冰場內後方也架設著七呎大的螢幕，播放的音樂影片又不同於溜冰場的音樂。想當然耳，這群十一歲的孩子在場內溜著冰卻無人交談！光是一邊溜冰還得消化這些感官刺激，恐怕就足以讓心智疲憊不堪了。

人的確有必須一心多用的時候，麻煩的是一旦習慣於這種同時多工的模式，等到眞正想專注在單項活動時，恐怕難上加難，因爲到這時候心智已經過度興奮到衝動破表，不願停歇，使得主人疲憊焦慮，無法平靜坐著或安穩不動。

然而，忙於練習的心反倒是安靜的，活在當下的同時具有雷射般的超強專注力和準確度，能夠細膩地按照指示運作，同時也掌握了全然的能量。正因如此，人在練習時能夠毫不焦慮地保持平靜，因爲這就是此時此刻的絕佳歸屬——進行著該做的事情，清楚澄澈地感受當下體驗，身心能量一滴也沒浪費。

覺察你的每一個念頭

回來談談開車的例子，各位是不是常在開到目的地之後對於沿途的狀況毫無印象？之所以如此，是因爲一路上你的心並不在駕駛上，反而被淹沒在各種無關的思緒裡。其實清楚掌握自身思緒的人少之又少，多數人都任由一顆心恣意遊盪，在不自覺且欠缺選擇的狀況下跟著心浮動，不僅未能透過覺察念頭來幫助自己，反而整個人深陷其中。

說來眞是可悲又可笑，現代人以爲自己會像日新月異的科技一般不停進化，覺得有了可以拍照的手機，就超越了兩千五百年前的祖先。但是古人反而因爲少了科技的干擾而更了解自己的內心世界。科技本來應該讓生活更輕鬆，事實卻不然；以前人們雖然沒有各項科技，生活卻簡單許多，也因此更明白心智活動的運作。

我們以為自己的問題只有現代人才懂，但這些煩惱其實從古至今都存在，古人的心也曾如此掙扎。有一則流傳幾世紀的故事，講的正是類似的煩惱。

故事的主人翁搭上了一部由四匹馬拉著的羅馬式馬車，這些馬匹象徵的就是人的心智。缺乏經驗的他上了馬車後卻無法掌控韁繩，任憑四匹馬狂奔亂跑一整天，未能依照選定的路徑往前，反而再三改變方向，馬和主人都累垮了。這些馬對於當下所在和目標方向渾然不察，主人只能無助地又扶又抓，隨著馬兒東奔西竄。反之，換成訓練有成的駕駛，手持韁繩便能掌控馬匹的走向，朝著設定的目標專注向前，這時候的馬不再任意動作，富有經驗的駕駛掌控了馬匹的氣力，使得車程平穩順利，在最短時間內以最少的氣力抵達目的地。你想當哪種駕駛呢？

如果無法控制自己的思緒，就等於失去自制；如果無法自制，無論在其他方面多有成就，其實仍舊欠缺實質的力量。人若是對於自己每個當下的念頭缺乏覺察，就像手中沒有韁繩的馬車駕駛，無法主宰自己行進的方向，畢竟沒有覺察就談不上掌控，**覺察**是頭號關鍵。

本書的目標在於檢視這個過程，了解人是如何淪爲失去掌控權的馬車駕駛，以及哪些文化習性和教導方式使得這種思考模式根深柢固？如何從孩子的思考方式中受益？如何教導孩子，才能讓他們別跟我們一樣飽受改變惡習之苦？以上種種，又該如何盡可能輕鬆地成功執行？我曾經就此自我提問，也希望透過本書和讀者分享答案。

在覺察中書寫、生活與教養

著手寫書的初期，我的願景只是希望能出書幫助讀者減少學樂器時的掙扎。然而我愈寫愈覺得，我其實是在描繪自己生活的原則，而非闡述我對學習樂器或練習高爾夫球揮桿的觀點。我也發掘了自己在寫作過程中學會的本事，觀察著自己如何每日維持穩定的寫作量，向內挖掘自己學習的成果，以及如何將心得化爲文字，也因此更清楚自己如何在事業經營成功的同時，也成為年幼女兒的好父親。

某天，我注意到自己在照顧女兒時深感沮喪又煩躁，因為腦中滿滿的書寫好點子，總因為孩子需要關注而再三拖延。那時候我察覺自己彷彿也像是無法控制馬車的駕駛，竟就這麼任由心思分岔出去想著寫作，而非專心在原路上享受與孩子共度的美好時光。留意到這一點後，我立刻拉緊韁繩，放掉關於寫作的念頭，決定等到計畫好的寫作時程再琢磨，焦慮在轉念之間全都煙消雲散，重新沉浸於差點錯失的父女時光。

寫作初期的我恐怕無法完成這本《練習的心境》，就算有人和我促膝長談並保證「家計和家人我都會照顧好，你儘管寫作就好」也不成，因為有必經的歷程和自我觀察，寫作才可能逐漸成形。

修復樂器，培養出自律與耐性

如今我明白，自己一路以來的生活方式大約是在二十出頭起有所改變，也許各位也是如此。二十多歲之前的我，面對自己一長串的興趣剛開始總是一頭熱，卻老是不久就退燒又後繼無力。一開始我會先選定某項活動，以運動為例，可能會加入健身房、購買合適的衣物等，然後下定決心要堅持；這麼幾回之後熱情逐漸消退，興趣和自律都開始動搖，愈來愈難按照運動計畫持續練習，找藉口偷懶、搪塞自己的同時，還信誓旦旦地想：「下回運動時再補，不然就移到週間早上多運動一下。」但這其實都是空話，因為我並不會兌現這些承諾，而且往往偷懶成自然到完全偏離原先的目標。此外，我也因為讓自己失望而開始自我挑剔，無法貫徹當初的決定也令我感覺似乎無法掌控自己的命運；最後我甚至對這項活動完全失去興趣，開始尋找下一項能填補內心空洞的活動，然後同樣的歷程又繼續惡性循環。我當時最大的優勢就是明白自己總是以同樣一套模式面對新事物，發現自己的老毛病後也悄悄觀察自己如何再三落入相同的模式。

那時候發生的三件事啓動了我在觀點和認知上的改變。第一，**我又開始上鋼琴課**，那位當地數一數二的教師只比我大幾歲。比起孩童時期，成人上課多出不少好處和壞處，之後的章節會深入討論。第二，我在大學時期開始**自修東方哲學**，學習範圍廣泛，不僅止於特定哲學，而是自學了多種宗教和哲理，激起的思辯影響遠及我往後二十年的歲月，讓我對於練習的動力、機制和兩者之間的關聯從此改觀。

各位若是從未就此思考過，請先想想人生種種學習和精熟的項目吧，無論是行走、綁鞋帶、存錢、教養，都是透過某種形式的練習，說穿了就是不斷重複的歷程。大多時候我們並未意識到這個過程，不過這正是理想的練習型態——沒有壓力滿載的期待，也毋須自我質疑地想著「到底什麼時候才能達成目標」，只要練習得當，當下艱難的學習過程自然消失無蹤，更重要的是，學習本身會昇華成能使內心平靜的歷程，讓人得以在「速度擺第一」的社會中，跳脫日復一日的焦慮和壓力，藉由練習休息喘氣。正因如此，極其重要的關鍵在於對練習過程有所覺知、掌控，並從中享受生活樂趣。

除了上述兩點，我對於學習新事物的觀點有所改變，也是因爲某個職涯決定：當時我決定成爲**演奏鋼琴的技師和鋼琴重造師**。這是個非常獨特的專業，因爲演奏鋼琴的技師需要多年技能訓練才能成爲高手，精密樂器的修復則需要更漫長的時間才能學成。我每天的工作不是讓價值十萬美元的演奏鋼琴能完美上場，就是勞心費力地將古董三角鋼琴修復到超越全新的狀態。從事這個行業的日子裡，我或遇見或服務於許多國際頂尖的指揮、鋼琴演奏家、樂團團長與流行、爵士和鄉村音樂的歌手，也修復過不少南北戰爭時期的老鋼琴。

三角鋼琴（包含整個鍵盤機制）可分爲八千到一萬個零件，八十八個音，每個音有三十四種不同的調音可能；琴弦的數目爲兩百二十五至兩百三十五根弦之間，每一根弦各自有對應的調音裝置，光是每回調音都需要一一調整。沒錯，重點來了，對這份工作最好的描述，就是重複再重複、勞心費力又單調無趣，每回工作至少都要重複八十八次。這等於強迫人必須放下一切，單純以最實際有效率的態度面對工作室和舞台上的日常工作，若是自律和耐心不足，焦慮和厭煩便會發酵暴漲。

我之所以要和各位分享這份工作重複又無聊的特質，是因爲也許這樣讀者能更了解我實在是爲了度日才開始發展出「迷失於過程」的能力。儘管這份專業有其難熬之處，那單調的本質卻能讓我整天與自己的念頭共處，也有充裕的時間觀察和評估工作中何種做法有效、哪些又無益。

本書將談到我生命中的關鍵時刻和許多面向，我因爲這些經歷受益匪淺，或努力掙扎或讓自己失望；我也會分享自己如何觀察到再簡單不過的生命眞理，走出錯誤。

那麼，就讓我們縱身潛入「練習的心境」吧！

人生的矛盾：在培養耐心和自律的路途上，兩者偏偏互不可缺。

第二章
chapter 2

重歷程而非結果

打造正確的練習心境，有幾項簡單的參考準則：

- 保持過程導向
- 處於當下
- 將歷程視為目標，原先的整體目標則是持續努力的方向舵
- 格外用心地秉持心之所想，銘記自己的規畫和目標

若能做到，自然可以避免結果導向常併發出的批判和情緒。

我學習高爾夫球時，上了爲期六週的課程，每一週我們這五位大人都會先在練習場聽講一個小時，然後各自練習一小時。第三堂課一開始，我正坐在長椅上等著前一班下課，身旁的同學也提早到了。這位同學在第一堂課自我介紹時表示，自己爲了工作忙進忙出，希望高爾夫球能有助於放鬆身心和開拓事業，她從事的工作會透過打高爾夫球增加人脈，在輕鬆的情境下談談公事。

我們邊等邊聊著彼此的工作和高爾夫球，我問她：「那妳有練習上週教的東西嗎？」她回道：「沒有耶，我一整週都忙死了，眞希望某天早上醒來忽然就成爲高爾夫球高手。」那語氣中透露出沮喪和些微的低潮，沮喪於高爾夫球的難度原來遠超過預期，低潮則是因爲如果希望能從中多享受些樂趣，她恐怕還得下好些苦工。

調整觀點：練習其實有助於放鬆

課堂開始後，教練也問了同樣的問題，不過其實他只要等我們開始練習就一目了然。教練提問的目的在於讓我們大聲公開承認自己能否自律，畢竟自律對於練習和內化前一週的教學不可或缺，確實做到了才能輕鬆踏出下一步。結果只有兩位同學有練習，一位趁晚間去了幾趟練習場複習技巧，另外三位不僅完全沒練習，甚至在上回聽課完就立即離去，沒進行接下來的個人練習。我每週的練習大致如下：

一下課當晚，留在場上練習一個小時，好理解當次上課的內容；離開練習場前，坐在車裡花幾分鐘整理筆記，完整記載上課內容，筆記未必詳盡精確，卻能提醒我教練談到的重點。接下來一整週，只要孩子上床睡覺了，我和太太也聊過彼此的一天，便會在地下室練習高爾夫球。首先我會將當次練習的內容逐項列出並分成細項，如此便能針對揮桿的不同重點分項練習。爲了避免打到天花板，我都是在鏡子前運用短桿練習揮桿一百至兩百次。週間也會去練習場三趟實際練球，不過依然每次只針對揮桿的一項重點進行練習，同時也盡量不去在意球打出去的走向，因爲我告訴自己正處在學習揮桿的**歷程**，所以球打得好不好並非重點，畢竟打出好球是所有技能發揮綜效的**結果**。

其他同學可能會覺得這樣的練習規畫得花費過多的時間和精力，畢竟大家每天都已經忙得頭昏腦脹了。然而事實證明，這些練習就像我在兒時學習樂器一樣，幾乎每天都不會超過一小時，一般人只要關掉電視，多出來的時間大概就綽綽有餘了。更重要的是，我對練習不僅抱著期待，甚至可說是一心渴求，因爲**練習有助於轉換心情**。

我的生活和多數人沒兩樣，有時難免緊繃焦慮，自然期待自己能沉浸在沒有壓力的活動中。我除了得面對每個家庭必有的爭吵笑鬧，也有許多工作得趕：客戶原本拖了多年的鋼琴修復計畫，現在不管供應商零件提供錯誤或是我有交響樂團緊急的維修工作，反正時間到了就是得交貨。有時候音樂界的天王天后開演奏會，在準備鋼琴上出了問題，我也得解決這棘手燒腦的麻煩，畢竟只要有問題，我就是最佳的救火高手，必須立刻想出解決之道，什麼藉口都沒有用。我不只一次在交響樂演奏會前瘋狂找出某個不盡完美的小細節，而音樂家就站在背後緊迫盯人，大廳內千餘名聽眾也等著我完成工作好盡快入場。這份工作可說是和壓力畫上了等號。

我的練習經驗和其他同學相反，因爲我發現只要能聚精會神於**當下**，練習其實非常能夠平靜人心，根本一點都不煩人。我什麼也不想地專注於「此刻」，唯一要完成的其實就是「當下」的活動。體會到原來完全投入練習的歷程能使我免受當天各種壓力的干擾，放下所有對於明天得趕進度的思緒，一顆心超越了過去和未來，只爲此時此刻跳動。我也不再預期自己究竟多久才能練好揮桿，因爲我正忙於當下：學習正確揮桿。

爲什麼我會覺得練習高爾夫球能替人注入活力、又能使心情平靜，其他同學的看法卻相反？原因大概在於我**的確投入了**練習，他們卻沒有，同時因爲心知肚明沒有練習而產生焦慮，擔心自己無法朝目標邁進，這都使得問題更顯沉重。

不過如果具備了兩項條件，這些同學必定能騰出時間、喚醒自律，甚至一心嚮往練習。第一是**了解理想的練習如何運作**，也就是體認到：正確的練習機制能夠提升學習效率，並減低壓力和不耐。第二，**調整原本的目標**，因爲多數人並不會將朝目標前進的歷程訂爲目標，反而往往錯將期待的結果設定爲目標，這點從日常生活的許多活動中可見一斑。我們變得眼裡只有目標，因而完全錯失了努力歷程中的樂趣，誤以爲只要達到某個黃金目標就能獲得快樂，反而將前進的歷程視爲達到目標之前無可避免的麻煩事。

主動練習 vs 被動學習

考量上述兩點，不難發現兩者相互關聯而且缺一不可。首先來談談練習和學習間的差異，從練習的定義和最單純的形式說起。

我認爲，「練習」和「學習」看似相似，其實不然。練習意味著必須帶著覺察和意志，學習則未必。練習等於因爲**有心達到特定的目標而刻意重複某個過程**，其中關鍵在於**刻意**和**有心**，主動練習和被動學習因此有所不同。假設一個人在成長過程中，家人總是爭吵或有不當的行爲，可能會不自覺地有樣學樣。這個時候如果要靠自己改變類似的爭吵習慣，就得先**覺察**自己的人格特質，在**有心**改變的同時，**刻意**重複練習不同的行爲。

練習包含了學習，反之卻不成立，因爲所謂的「學」未必會思量內容。理想的練習機制需要刻意和用心**持續投入**某個活動歷程，而且必須對於自己是否朝目標前進有所覺察，要達到這個境界也必須不受「結果」羈絆。

本章章名爲「重歷程而非結果」，這句話簡單有力，想必各位也曾聽過好一些文字不同但涵義類似的話語，什麼「莫忘初衷」「不要太執著於結果」和「生活中沒有所謂的目標，生活本身就是目標」等，其實都是同樣的意思：「重點在於歷程，而非其應該產生的結果。」

這還眞是矛盾，因爲如果專注於歷程，理想的結果自然會因應而生；但是如果只心繫結果，很快就會在半路上自我懷疑、感到無聊掙扎又懊惱不耐。

這一點也不難理解，人如果全神貫注於當下的過程，等於時時刻刻在進行所願和應該做的事情，傾注所有能量於當下。相反地，如果只眼巴巴想望著終點，等於**身心分離**，氣力不僅無法用在應該進行的事物上，反而都耗盡於無關的**念頭**上。

與目標做切割

想要專注於當下，就必須（至少暫時）切割自己對於目標的牽繫。如果無法斬斷目標帶來的羈絆，就難以處於當下，因爲腦子恐怕都被還未發生的未來占據：也就是目標。這就是我稍早提到的調整目標，如果將目標從一心想望的結果轉爲達成目標前的歷程，神奇的事情就發生了：所有的壓力都將煙消雲散，因爲這時候目標變成了聚精會神於此時此刻的事物，光是如此就等於每分每秒都成功達陣。

也許這看起來是個不起眼的微調，不過就任何需要投入精力的活動而言卻是更高明的處理方式。若能確實將心力放在此時此刻，關注當下、保持覺察，自然會開始感到平靜、清醒且一切順利，這時你的心會因爲一次只處理一件事而放慢腳步，腦子裡的竊語紛擾也自然散去。

這種專注的方式和一般人平日處理事務的做法幾乎背道而馳，我們多半一心掛念著長串的（未來）待辦事項或（過去）遺忘事項，再怎麼左思右想就是不在當下，而且還一心過度多用。

人如果對於心在何處有所覺察並且活在當下，自然會因爲一再成功達到目標而感到正向加強。反之，如果心心念念於結果，不僅每分每秒都會因爲還沒達到目標而沮喪難耐，練習時犯的錯誤哪怕再小也會帶來焦慮。因爲所有的錯誤都會被視爲阻礙，目標似乎顯得更遙遠，得熬更久才可能享受成功的喜悅。

不過如果目標是專注於歷程、處於當下，就不會受到錯誤和批判羈絆，這時候的你單純在學習與執行動作，聚精會神地執行當下要做的事、觀察成果，調整自我和練習的能量，用來創造出理想的結果。秉持著不帶批判的心境，自然不會醞釀出負面情緒。

濫用目標會浪費能量

以音樂為例，假設你在學彈某首樂曲，目標是從頭到尾完美彈出，自然每彈一個音都等於在評判自己和音樂：「那邊彈對了，可是這邊總是彈不好」「快到每次都搞砸的部分了」「再怎麼彈都不盡理想，眞是困難啊！」這些批判都是能量的消耗，同樣的能量原本能用在幫助自己彈得行雲流水，現在反而因為這種種念頭而干擾了學習！人們之所以常浪費大把心力，就是因為不清楚自己運用能量的方式。

不過這絕不代表要和目標畫清界線，最終的目標仍然是持續練習的方向舵，卻不應該是表現好壞的評判準則。無論進行何種活動，設定目標都像是雙面刃，因為目標能激勵人努力行動，卻又總使人對進度自我批判。

這種矛盾可見於溜冰、體操、保齡球和高爾夫等多項運動，這些運動都有所謂完美的「滿分」；仔細觀察，日常生活中其實也不乏同樣現象，畢竟渴望自己有所成是人的天性。假設我在寫這本書時老是想著如何完成手邊的章節好繼續向前，就等於在濫用目標；如果你設法要改善和某位難搞同事的關係，某天就此沒能用心便責怪自己，這也是濫用目標。同樣的問題處處可見於我們的所言所行中，上述例子最好的做法，其實便是處於當下、觀察自己和同事的互動，將自認理想的應對方式（也就是目標）設爲指標，以此自我調整，踏出邁向目標的步伐。

試想你今天要將網球丟進十呎外的垃圾桶內，如果規定是將三顆網球一個接一個投入十呎外的垃圾桶，最有效率的方式大概是：拿著球，目測一下垃圾桶後，投出第一顆，如果發現球落在垃圾桶前，便能就此調整投球的曲線和力道，以此投入下一球。如此每投一次就善用當次的表現（回饋），來改善自己投球的方式。

最大的錯誤，莫過於無視當下、又執著於投球結果，這時內心便會出現情緒上的惡性循環：「第一球怎麼投不進？我在這方面眞的不行，看來三球最多只能進兩球。」這類念頭便會如此持續發酵。若是能投入過程，便不會產生這個問題，反而能帶著無所謂的心情看待每回投球的結果，不帶批判地接受。

切記，批判等於在誤用能量、浪費心力。也許有人會反駁，認爲每回努力都應該要有所評判，才能決定下一步如何進行，其實不然。有批判就有所謂的對或錯、好與壞，此處的重點在於**客觀**覺察、分析每次努力的結果，運用觀察調整下一步。如果接觸任何新事物都秉持這種思維，你會發現一切都截然不同，**光是對待自己就更有耐心了**。抱持著這種心境，就不會匆匆趕向某個預設標的，因爲此時此刻的目標是要全心投入歷程，以及將能量傾注於當下。做到這一點，每分每秒都等於達成目標。這個歷程能使人自在安然，閃爍著美好的成就感和自信，投入歷程就等於戰勝了自己和手中的挑戰。理想的練習本質正是如此。

不過，爲什麼達到這個境界如此困難重重呢？人爲什麼會以全然相反的方式來過活，張嘴閉嘴都談結果？心態如此，當然活得愈來愈緊繃，而且還漫漫長路不見盡頭。心不在過程，自然整天東蹦西跳，像脫韁的野馬般失序。現代人一心過於多用，腦中種種念頭其實和昨日、前日沒有絲毫不同，對於生活缺乏耐心且滿是焦慮。

就某種程度而言，這樣的思維本屬人性。綜觀世界上重要的宗教和哲理，核心都在談人無法活在當下，種種長篇大論都在探討如何克服這項人性弱點，內心才可能眞正平靜並產生實質的內在力量，也難怪馬車駕駛的故事能夠流傳千年。

重視分數、結果導向的主流文化

結果導向在西方社會蔚爲主流，部分可歸咎於文化。我們不停被教導著結果論，這項人性的弱點被灌輸成性格，使人不易察覺這種偏差的觀點，遑論克服改變。

在運動場上我們只談輸贏，而剛學某種樂器不久的學生可能會問：「要多久才能彈得像某某一樣？」好似在那之前的每分每秒都是不得不忍耐的無聊苦活兒。之後的章節也會談到，在學業上我們眞正學到的恐怕只是一些零碎資訊，因爲學校未來的預算多寡取決於學生的分數高低。這個社會的主流文化不屑於投入歷程，深信重點並不在此。

這種只重結果的價值觀其實在人年幼時便埋下了種子，就算我們未必記得究竟是哪些兒時觀察到的言行將觀念鑄入人格，但至少多數人上小學之前就已經有經驗了；就算有些幸運兒在學齡前還沒感染上這種價值觀，上學後也難逃一劫。

進一步來說，學校在替孩子貼標籤上可說是快又狠。所謂標籤當然是成績。打成績的本意在於幫助教育體系了解當前教學方法的成效，但是成績是否眞的發揮這項作用恐怕還值得討論。成績評量行之多年，成績單卻依然只以A到F來評比；大學入學考試也是另一種評量學業表現的方式，著實決定了學生就讀哪所大學和校方招生標準。求學時期，我們的自身價值往往和學業表現脫不了關係，成績影響了人生的進程和方向，也不免形塑了自我價值。成績多在C的學生自認平庸普通，總是拿F吊車尾的感到很廢，拿A的當然會相信自己出類拔萃，我們就這麼在求學期間發展出「結果等於一切」的核心價值，而且不擇手段，否則爲什麼會有學生作弊？

我並不是要提倡什麼靈性派的評分制度，來讓每個學生都相信自己是全班最強，這超出了本書範疇和我的能力，在此要探討的是評分制度如何影響了我們的心態，使人注重結果多過歷程。

學生時期的我對數學最爲頭痛，早在年幼時期就難以理解。我還記得老師會先在黑板上說明，但哪怕我再專心聽課卻還是一臉茫然；就算下定決心努力做習題來弄懂，數學仍毫無起色。我是個充滿創意的孩子，數理上的分析不是我的強項，這點也反映在成績上，因爲我的學期成績平均是B，幾個拿了A的科目中卻絕對不包括數學。我在較偏右腦的科目上表現出色，例如寫作課我幾乎都是第一個交卷的；若是數學課，我卻往往在下課鐘響後，還是少數留在教室拚命趕的學生。我對數學之所以感到吃力，可能一部分因爲老師的教導不盡理想，因爲曾經有一、兩位老師講起課來清楚易懂，我也因此至少拿到B或C，不過這還是少數例外。

學生時期的經驗和成績讓我更了解自己，也是「結果擺第一，歷程不重要」的眞實例子。求學階段的我們常聽見的一些話語，其實都源自「重點在歷程，不在結果」的正確態度，例如常見的勵志小語「盡力就好，這才眞正重要」「盡力就問心無愧」等，這些話語雖然立意良好，不過我們大概都知道這只是空話胡言。回頭想想，我在數學上的確盡了全力，但這對於拿到成績單的我起不了一丁點的安慰，我的目光還是會迅速略過拿到A、B和C的科目，直接定格在數學那刺眼的D（盡全力後得到的安慰獎）。值得慶幸的是，我的父母不太看重學業表現，就算我拿了低分仍會得到溫暖鼓勵。儘管如此，從小學起直到大學畢業，我依然悄悄地以成績衡量自我價值，至少內心就是過不了數學這一關，也變得想到任何數學相關的事就頭皮發麻，而且因爲不知如何克服恐懼而心生無力。

這樣的經驗想必許多人也相當熟悉，父母非常注重學業的人恐怕對於成績的影響更心有戚戚焉。再舉個例子：我在大學修樂理課時約二十五歲，有自己的住處，工作能夠維持生計，上樂理課完全是出自個人決定；由於我是自由業，可自由安排時間，便選擇和剛高中畢業的學生一起上日間課。

這個課程規定學生必須用電腦測試所有教過的內容，電腦程式會針對各方面給予成績，唯有通過當次測驗才能繼續下一堂課。這種老大哥在一旁監督的體制本質實在是幫倒忙，我們在全是電腦的電腦室裡上課，所有電腦自然也都可以由中央控制，所以教授能夠隨時登入，查看我們的課程進度。當時網路和家用電腦尚未發達，這種授課方式讓人感覺既先進又有點不知所措。除此之外還有時間考量，因為每次作答時間有限，更糟糕的是我們甚至不知道自己其實是實驗的白老鼠。我們班有作答時間限制，但是另一個相同的班級卻沒有，對於這點差別我們毫不知情。

在此就不多說我當時是如何發現這個祕密的，不過我倒是得知這所大學中確實有人想知道學生在時間壓力之下，面對相同的課程內容效率是否會提升。這個問題很有意思，不過由於我們是實驗的第一批白老鼠，研究人員並不清楚學生在電腦答題時合理的時限，僅僅粗略預估。事實證明根本沒有人能在作答時限內全數回答完畢，答案正確但是輸入時間過長會被電腦歸類為錯誤而等同答題失敗，令人更心煩的是電腦測驗的成績占了該堂課總成績的三三%。

第一天上課時，我們拿到了一張進度表，上面說明了每回電腦答題時應有的進步，但是根本沒有半個人的表現談得上稍微符合預期，而且學生愈是表現落後愈是倍感壓力。某天，教授無意間一派輕鬆地指出大家似乎在電腦測驗上進度落後，還提醒全班作答狀況對總成績的表現；不料大家群起而攻之，恐怖到令人想起西部片中凶神惡煞的強盜在找吊人用的繩子和樹幹。

直到當下，研究人員都不曉得自己原來在要求學生打一場贏不了的仗，還以爲作答時間充裕且公平，甚至猜想學生是因爲不夠用功才會作答不順。然而實際上學生花費了過多的時間，甚至爲了努力趕上進度而荒廢了其他課程，不少人看起來更是筋疲力盡。

我卻毫不感到焦慮，因爲我是重返校園的成人，既然都繳了學費也就不太在意拿到的成績。唯一令我感興趣的是對於作曲能力有助益的內容，畢竟我是獨立的成人，不必將成績單交給父母。我也因爲年紀比其他人大、更深信區區一堂課不可能使人生天翻地覆，以前也曾不及格過，現在生活同樣安然無恙。那感覺就像孩子對當下極其重要的事情激烈反應，而滿臉皺紋的父母深知其實往後回頭看不過是芝麻小事一樁。

這件事的重點在於其他學生的應對方式——開始作弊，而且是大剌剌地作弊。這間電腦室任何人都可以隨時進出，一週七天、一天二十四小時開放，教授也總是不在。所以學生知道問題後便會先將所有答案抄下來，走進電腦室後把答案擱在大腿上，還沒等電腦完成提問就開始作答。結果這些學生都趕上了進度並拿到漂亮的成績，作弊做得理直氣壯。可惜的是他們根本沒學到什麼樂理。我在電腦作答時曾經和他們聊聊天，聽到的都是「我才不會讓這堂課和這台電腦毀了總成績呢」。成績就是一切，知識不值一提，這群學生最後都在這門課拿到A，但這卻毫無意義，因爲他們在這三個月中（歷程）幾乎毫無所獲，卻因爲最後的成績（結果）而自認是贏家。可是他們所獲得的具有任何永續價值嗎？

話說回來，這些學生有別條路可選嗎？這就是一個講求效益、結果導向的社會。企業徵才時會優先採用成績優等的應試者，因爲他們相信，比起成績平平的應徵者，成績優等的人能替公司創造更多利益，所以將「優」字和應試者、以及其未來潛力畫上等號。在這種文化之下，如果有學生把成績放一邊，卯足全力拓展學習內容，恐怕也無法證明自己所學，因爲主流文化並不看重歷程。但其實只要觀察一下講求歷程的文化，其成就和發展便是最好的證明。

注重歷程的日本文化

七〇年代中期，製造業經歷了一場巨大而實質的改變。當時人人都想要日本車，因爲日本車明顯要比美國車品質精良，這使得美國車廠焦急地想了解箇中原因及因應方法。這個現象可不只限於汽車產業，日本製的鋼琴在美國也日益受到歡迎，儘管有些日本鋼琴的品牌名稱聽來陌生到難以發音，不過那高於美國鋼琴的品質就是最好的行銷。日本文化在生活和專業上都極其講求歷程，美國之所以不是日本的對手，正是因爲美國無法複製日本文化的工作環境或態度，畢竟日美文化有天壤之別。

某位鋼琴大經銷商曾經和我說過一個故事，清楚道出美日文化的主要差異：他去日本參觀過代理品牌的鋼琴工廠，在生產線旁注意到一名負責鑄鐵骨架（一條條拉住所有弦的金黃色粗線）的工人正在處理剛鑄造出的骨架，這些骨架都是由鐵鑄成，剛脫模的時候看起來挺粗糙的，必須經過磨工和拋光才能上漆，日本製的鋼琴鐵骨都是一等一的美麗無瑕。這位經銷商朋友邊看著工人處理，邊請問他一天約能完成幾副骨架，這名日本工人被問得茫然，看了看對方後回答：「能完成幾件完美的就算幾件啊。」

經銷商又問：「難道你不必向上司交代嗎？」

工人反問：「上司是什麼？」

「就是確保你工作無誤的人。」經銷商回道。

工人表示：「爲什麼需要有人確認我的工作做得是否正確呢？這是我的職責啊。」

這樣的態度在我們聽來幾乎不可思議，也就是說，如果工人耗費一整天的工夫只爲打造出一副完美的鐵骨，而他的確是盡責稱職、符合公司的期待，不正是因爲這份工作就是要聚精會神處於當下？透過重複練習的正確思維，這名工人在產出盡可能完美的作品之餘還能氣定神閒，因爲完成一副完美的骨架，勝過產出二十副尚可的成品。

日本民族以目標（即上述故事中完美的鋼琴鐵骨）爲方針，並深信以長遠來看，耐心進行的成效必定遠勝美國廠商，就是這種態度讓他們在汽車和音樂產業上狠狠超越競爭對手，在電子產品的表現上，美國更是遠追在後。

立即卻短暫的滿足

相較之下，我們在各方面都不願意等那麼久，一心只想成果，而且現在就要收成，過程乾脆能省則省，直接跳到結果。這種什麼都求立即到手的執迷，可見於信用卡的卡債高築。許多美國人的人生因此一塌糊塗，就是因爲能先簽帳而滋長了「先到手後還債」的心態。信用卡的機制基礎就是先求結果再談過程，這種心態只會造成日益普遍的難以滿足和空虛感。你我大概都曾經在某個情境下格外渴望某樣東西，由於當下無法付清便刷卡。但物質帶來的滿足，卻往往早在信用卡單寄達前便煙消雲散。

這種心態的沉溺就是所謂的「立即滿足」，此外還有別種說法，不過我認爲應該稱之爲「立即但短暫的滿足」。因爲任何透過這種模式得到的事物，對我們而言都沒有眞實而持久的價值。各位可以回憶許許多多自己曾經投注心力和耐心成就的事物，但是你能記得幾樣幾乎不需費心就得到的事物呢？無論是實質目標或某項技能，如果我們將心力都貫注在努力的歷程上，秉持著耐心和自律達到目標，從中獲得的喜悅可是輕易達陣無法比擬的。其實人在懷念追求某目標的經驗時，最快浮上心頭的往往是歷程而非目標本身，我們會想起自己如何駕馭了不太自律的本性，怎樣日益增強耐心和毅力，以及從中感受到的喜悅和滿足。這些回憶因爲可以再三咀嚼回味而成爲自己的經典。

我對自己的第一部車沒什麼留戀，不過二十五年前的自己爲此拚命工作和存錢，所以對於當時工作的種種細節我都還記憶猶新。當時我可是兼了三份差，朋友去海邊玩或閒逛嬉鬧，我則按捺住去打工，所以暑假結束時也只有我開著眞正屬於自己的車。有一回我對於老老實實存錢買車有些不耐煩，父親和我說了一句意義深遠的話：「你以後就會了解，爲什麼買車帶來的滿足遠不及爲此努力工作的快樂。」父親說得一點也沒錯，這句話我至今仍銘記在心。我記得當時買了車後，相較於因爲期待擁有自己的車而奮力工作，反而有股小小的失落感。

這種「立即到手」的態度並非個人問題，而是在不同層次、不同面向上遍及了整個美國文化，例如企業對於短期收益的興趣高過組織和員工的長期健康。弔詭的是，儘管多數人都認爲這種心態瀰漫了整個社會，同樣的現象卻仍像脫軌的火車般逕自向前。是該煞車的時候了，也唯有每個人都從自己開始，只要有處在當下的經驗，體驗「重歷程而非結果」，便能明白這才是理想的正確做法。平心靜氣之後便能夠調整事情的優先順序，自然會因爲當下所有和所處而感受內心的安然踏實，也印證意義頗深的那句老話：「人生沒有所謂的最終目標，生活本身即是目標。」

重視歷程而非結果，改變自然發生

回頭談談和我一起上高爾夫球課的同學，該如何改變，好讓他們更有動力邁向加強高爾夫球技巧的目標？如果他們能夠將模式轉換成「重歷程而非結果」，機制的改變自然因應而生，進而在用心秉持目標的同時，處於當下練習揮桿，這個時候對於練習揮桿的感受也會有所不同，一掃之前誤以為的「除非我變得夠厲害，不然就不可能喜歡打球或想要練習」。將心態調整成「重歷程而非結果」，便能去除這種不足感，對於練習自然也不會拖拖拉拉，反而會期待練習時刻。

簡單來說，打造正確的練習心境有幾項簡單的參考準則：

- 保持過程導向
- 處於當下
- 將歷程視為目標，原先的整體目標則是持續努力的方向舵
- 格外用心地秉持心之所想，銘記自己的規畫和目標

若能做到上述幾點，自然可以避免結果導向常併發出的批判和情緒。

如果能秉持心之所想，專注於當下，態度一旦開始搖擺也很容易發現，因為你會立刻開始自我批判和評分，同時感到不耐、乏味。發現自己開始進入這種模

式時，就溫和地提醒自己似乎已經脫離當下，同時別忘了有所察覺而自我鼓勵。只要能夠培養出覺察內心的能力，就等於啓動了自我引導的重要步驟。

這樣的練習或許有些挑戰，卻極爲重要。前文提到，世界上重要的哲理和主要宗教其實都在探討專注於當下的價値，因爲唯有如此內心才能強而有力又快樂安然。氣餒挫折時，就想想本章開頭提過的：人生的矛盾在於，培養耐心和自律的路途上，兩者偏偏互不可缺。

當我們忙著認識自己和生活的種種挑戰，也許可以透過觀察花卉得到平靜。想想：一株花從小種子到綻放的生命歷程中，在哪個階段稱得上完美？

第三章

chapter 3

一切都取決於觀點

當下心境的思維練習成熟後，面對影響心情的事物時便能發揮功效，順利處理之餘還能穩定心情。練習的心境有助於穩健處理棘手的問題，使效益最大化的同時，也能應對負面情緒。換言之，不僅能讓內心平靜安然，還能事半功倍。

人之所以會感到焦慮，多半是因爲覺得：任何事物，再完美也總有畫下句點的一天。先不論完美的定義爲何，你我其實都不完美。我們不停地、刻意或下意識地檢視生活的一切，和心中認爲理想的典範相比較，然後就自己和理想的距離打分數，無論是想住更寬敞的房子、賺更多錢或買某款車，其實都是這種比較運作下的自然發展。

不切實際的完美形象

電影《天生好手》（由小說改編）中有個特別感人的片段。電影男主角是一名剛成爲專業球員就受傷的棒球選手，儘管他的球技非凡且前途無量，卻在最窘迫的情境下受了傷，因此退隱多年。當他終於重返球壇時已經邁入中年，卻因令人稱奇的球技而加入專業球隊，而且在短時間內成了球隊英雄，然而從未完全痊癒的舊傷卻在此時復發，使他必須住院。

我記得就在這個時候，電影出現了意義深遠的台詞。當時男主角和青梅竹馬談到自己原本可能的發展：「我本來可以更厲害的，可以打破所有紀錄。」此時，女子的回應簡單到令人一怔：「然後呢？」短短三字卻威力極大。沒錯啊，賽跑選手破了紀錄，然後呢？音樂家在獨奏時，首次毫無失誤地演奏出最難的曲目、挑戰成功，然後呢？打高爾夫球終於突破九十桿、創業家第一次賺進了百萬美元，然後呢？這些完美的個人表現不久又會被更新的紀錄蓋過：更短的時間、更高難度的曲目、更漂亮的分數、更多的錢。

理想形象的問題在於，也許這本來就**不切實際**或**難以達成**，而且往往和眞正的快樂並無關聯。其實這些形象都是商業行銷和傳播媒體的把戲，人們看著電視上或電影中樣貌完美無瑕的人過著完美無缺的生活，電視廣告投射出的幻覺更是眞實強烈：「買吧，這樣生活就一片美好了。」或更可怕的是：「少了這樣，生活就不完整了。」尤其是汽車廣告，在誇大強調這些訊息上往往近乎可笑，把擁有某款車和欣喜幸福畫上等號。然而實際上人人都知道買車是最糟的投資，因爲價格只會急速下跌；而且買新車又不免會提心吊膽怕被偷，或在購物停車時遭損。再說，汽車廣告中的駕駛人帥氣地奔馳在空無一人的小路，途中滿是鄉村風光和秋季美景，買了車的我們卻堵在高速公路上的車陣中。儘管如此，無論是賣車或賣飲料，大大小小的廣告仍舊整天對著人們喊話，宣傳著應該購買哪些產品才能使生活更美滿。

觀看最喜歡的節目時接觸到的廣告，其實是認識自己的大好機會，因為廣告主絕對事先投注了大把金錢來了解各類目標觀眾最愛看哪種節目，才決定要在哪些節目之間下廣告。除此，廣告主還會進一步就節目要求電視台配合，以吸引鎖定的廣告觀眾。

不過人追求種種完美形象的原因並不特別重要，重要的是認知到這些形象其實**扭曲了人追求快樂的觀點**。這些形象用來激勵人心可能效果亮眼，但是用來衡量評比，只會招來負面影響。舉例而言，如果某晚你聽了世界頂尖的鋼琴家獨奏，第二天睡醒因為前一晚受到的撼動而決定學鋼琴。假設你買了那名鋼琴家前晚演奏的ＣＤ來激勵自己練習，這當然是正面的。但是如果你開始分析、比較個人練琴的進度和大師的彈奏（人常會無意識地比較），必定只會對自己感到不滿，甚至沮喪懊惱到放棄學習。

不相信自己會這樣嗎？仔細觀察一下吧，人人皆如此。正因如此，利用「除非我……到某個程度，否則等於不合格」這種心態，廣告才會如此具有魔力。其實是否擁有某項產品或達到某個狀態都非重點，關鍵在於要克服這項人性弱點，首先必須認知到，我們之所以會這樣過日子，主流文化正是幕後黑手。站在鏡子前，我們會依據現今的流行趨勢評判自己是否合格；在高爾夫球場上，也能看見有人因爲失誤而惱怒地把球桿一甩在地，但也許那一球本來就超出他的能力，只不過他的理想標準可能是電視上的某位專業球員。專業球員也許每天有揮桿教練在旁觀察他練習打出五百個球，而且還一週練球五次。這就是我所謂的不切實際和難以達到的理想形象，畢竟這位開始自我懷疑的人只是把高爾夫球當成業餘興趣，也許一週練一次，也才上過幾堂課、一週打一百球而已，但是他卻給自己設下了專業標準。

如果事事都以完美形象爲標竿，在追求快樂上等於繞遠路而行，因爲形象或理想固定不變且本質受限。某個典範形象再出色，也只是特定情境或某種可能性之下的最佳狀態，眞正的完美則恰好相反，沒有盡頭和限制，永遠不斷提升。

任何時候的自己都是當下最完美的

觀察花的生命歷程除了收穫不少外，也能讓人就此更感安然。請再讀一次本章開頭的序言：當我們忙著認識自己和生活的種種挑戰，也許可以透過觀察花卉得到平靜。想想：一株花從小種子到綻放的生命歷程中，在哪個階段稱得上完美？

其實庭院裡的一花一草，都是大自然日復一日傳達的教導。花在哪個階段達到完美？原本手掌心中那區區一顆等待栽種的小種子，完美嗎？之後所有可能的發展，此時此刻都深藏於這顆種子。種子一開始不爲人見地在泥土深處開始發芽，完美嗎？這個階段的它首次展現了我們稱爲創造的生命奇蹟。嫩芽從土裡探出頭來、頭一次見到太陽公公，完美嗎？這時候的小植物可是凝聚了全身力氣好汲取生命所需，直到這個時候，小傢伙都只靠著聆聽內心的聲音順應成長。花朵生長出來的時候完美嗎？此時植物各個部位開始更顯而易見，葉子形狀和花朵數量一清二楚，而且每一株都獨一無二，就算是和其他同種的花朵比較也有所不同。又或者，完美其實在於花朵燦爛綻放的階段？那是所有能量和氣力努力燃燒出的生命高點。且慢，可別忘了花朵謙卑的生命盡頭，如何靜悄悄地回到生命起始的土壤之中。究竟這株花什麼時候稱得上完美？

我想各位應該清楚答案了：從頭到尾都是完美的，何時何地或各個階段的花都是完美的。在種子階段栽種於土壤之中，它穩妥地守分當個種子，沒有絢麗的花瓣不代表這不是顆理想的種子；頭一次從土中竄出頭，也不會因爲只有綠芽而不盡完美。從種子到燦爛綻放或走向盡頭，這株植物都完美實踐了各個階段應執行的任務。花的生命歷程必須從種子開始，若是欠缺了水、土壤和陽光的滋潤，必不可能逐漸發展出有朝一日燦爛綻放的潛力，需要時間也是必然，唯有等待才能讓這所有的必要因子相互作用而燦爛綻放。

你覺得當初的那顆小種子會在土壤中說：「這可得等到天荒地老，我一定要趕快衝破土壤，出去照照太陽。每次下雨或有人澆水，都害我全身濕答答、從頭到腳是爛泥，到底什麼時候才能開花？不開花我就快樂不起來，只有開了花才會讓人驚豔。希望我是株蘭花，千萬不要是那些沒人注意的野花。身爲蘭花就像王者一樣……等等，不對，我要當橡樹，這樣在森林裡傲視群雄而且更長壽，不是嗎？」

這段植物獨角戲讀起來可能有點滑稽，但人就是如此，而且每日每月在各個面向上都如此，也許有意無意地替進行的事項選定標竿，然後執著於未達標竿就不合格的想法。各位如果偶爾稍微自我抽離、觀察內心的對話，恐怕會十分訝異於自己多常用這種思維自立難關。

每次開車的時候，我們都迫不及待抵達目的地。其實無論目的地爲何，就算比預計晚到十五分鐘往往無傷大雅，每回我在高速公路上，身邊的駕駛人卻好像都非得開到最高時速，恐怕從沒注意過沿途歷程。我常常從後視鏡看見有駕駛因爲生活的不順心而焦慮緊張，從裡到外都透露出不耐。各位如果在生活中抽離一步，觀察自己的注意力落在何處，恐怕會十分驚訝自己原來很少處在此時此刻、專注於當下。

如果在每日的例行事務上能夠變得專注於當下，就如同上述提到的那株花，無論哪一個階段的自己其實都是當下最完美的，便會感到如釋重負，放掉自己胡思亂想來的壓力和期許，這些念頭只會讓進展更慢。無論在什麼時刻，只要發現自己在當下感到無聊、不耐、慌張或失望，就代表內心已經偏離了當下的活動。只要對於心智和能量落於何處有所覺察，便能觀察到自己可能已經誤入未來或過去，也許是潛意識裡急於達到的結果或完工的成品；如果追求的結果是具體成果，這種感覺更容易湧上心頭，例如油漆房子或減重。我將此歸類爲脫軌到未來，因爲追求的成果使人脫離當下、進入未來，只想跳過其他步驟直接「燦爛綻放」。

不過有時候讓我們偏離當下的未必是具體事物，也可能是某種情境。試想你站在廚房準備晚餐，身旁的孩子或伴侶正在分享他的一天。這時候的你是和他四目相對著傾聽嗎？是全神貫注聽著對方當下的一字一句，還是只花了一半的心力聆聽，另一半的自己則在想晚餐後要出門或懊惱著今天在辦公室說錯話？

大自然沒有自尊心的問題

每天請盡可能找個機會暫停，問問自己：「我有沒有發揮花草的特質，將念頭和心力都維持在當下？」大自然沒有自尊心的問題，所以能夠循序漸進，但是人的自尊卻往往會誤解完美及誤判自己的進度。先前提過，眞正的完美沒有極限，不在於體重或收入等確切數字，也不是付出時間和心力終究能學成的特定技能。所有頂尖的運動員或藝術家都指出，所謂的完美永遠是個處在前頭的目標，因爲當下的經歷和觀點會隨之改變。唯有洞徹這個事實，才可能邁向眞正屬於自己的幸福，等於必須認知到只要處在此時此刻，聚精會神於當下，自己就像那株花一樣美好，甚至完美。秉持這種觀點，原本對於達到某個錯誤標竿的不耐煩自然會消散，況且這些標竿原本就不可能使自己更快樂。

其實只要觀察花卉，我們便能從中汲取大自然的智慧。花卉深知自己是大自然的一分子，身爲人的我們卻忘了這一點。請記住，之所以要終其一生努力鍛鍊練習的心境，並非爲了有朝一日能夠自豪於「我練成了處在當下的覺察技巧」，因爲這樣的說法其實還是自尊心在作祟。我們之所以爲此下工夫，單純只爲了一個原因：以此得到物質滿足或社會地位難以帶來的安然和快樂，等於練成了不畏時間考驗、伴隨一生的工夫，甚至稱得上是唯一屬於我們的寶物。人若是發現自己之所以總是渴望某種難以言喻的東西，其實是因爲我們當下的心境所致，便自然會生出追求處在當下心境的耐性。儘管我們有著大大小小的成就和物質滿足，內心總還是有個待塡補的空洞，有時甚至自己也不認爲有空虛感，但是那股追求解答的需求仍存在於心，否則這本書和相關書籍也不會誕生了。

只要有理想的環境，專注於當下不僅可能成爲自然狀態，甚至可說本來就是種自然狀態。其實大家想必都曾多次體會過這種經驗，難就難在對於這種運作狀態若要有所覺察，本身就是矛盾。人全然專注於當下和正在進行的活動，就必定完全沉浸其中；如果注意到自己多麼聚精會神，專注力就等於打了折扣，因爲這時專注的重點成了自己「本來」多專注在活動之上。如果眞正投入練習，自然就不會注意到自己有多麼練習得當，只會留意到當下歷程並沉浸其中。

練習的初心，毫無雜音

禪學將這種狀態歸類爲**「初心」**（beginner's mind）。人在著手某項學習的初期，必須心無旁騖才可能順利進行，此時內心毫無雜音；等到對於學習日益熟悉，全然專注反而較爲困難。還記得剛學開車時的自己嗎？當時的你想必全然投入其中，也就是秉持著初心；現在這種初心可能早已消逝，所以你會邊聽廣播邊開車，當年新手上路的你恐怕會視此爲干擾呢；又或者你會和同行的人聊天或想著晚點該處理的事，心思就是會從開車這項當下的活動飄到別處去。下回開車時試試什麼都不想，全心專注在開車上，留意其他駕駛的狀態和沿途的風貌，以及自己的手如何操作方向盤；如果沒有別人同行，就試著暫停所有內心對話並關掉音源。這麼做恐怕會令人抓狂，你會覺得自己不可能什麼都不想地只是開車，但當初學開車時曾經如此簡單自然的狀態，在技巧純熟後竟成爲不可能的任務。以上例子並非在證明人無法靠努力進入設想的心境，而是希望有助於各位理解沉浸當下時會產生的行爲和感受。

武術的專注心境：用本能取代思考

這其實也正是練武術的目的。武術在好萊塢電影中成了某種形式的雜耍，常常可見某個超級高手用武功打敗數量再多也不怕的敵人，而且輕而易舉就能將對方打倒在地，但是這已經失去武術的本質。不同門派的武術其實旨在教導習武之人如何在當下的行動中運作，並在自我防衛的前提下進入這種心境。習武時應該要勤於練習門派的所有工夫，每個動作都用心地刻意反覆練習到近乎飽和，這時候動作自然如反射般渾然天成。

例如，拳擊比賽都是全然專注於當下的，兩個人對於敵我的狀態和一舉一動一清二楚，每分每秒都在觀察，好以本能因應對手的動作。此時若是神遊心散，必定立刻自知（因爲必會挨拳而疼痛），攻守之間根本也沒有多餘時間思考，每秒鐘都要準備自我防衛或伺機出擊。正因如此，拳擊運動在其實沒有致命危險的狀況下，提供了性命受威脅的情境，讓人切身體驗這種出於本能、全然處在當下的明澈感。

假想自己身處其境，或許可以理解在這種當下的歷程中不可能留心其他事物，所以人在練習歷程導向的心境時不可能自我觀察。儘管如此，這些自忖是否夠專心的時刻等於是在**提醒**我們專注。

打電動讓人完全沉浸在當下

雖然人若是專注於當下、投入於歷程導向的心境，必不可能直接觀察自己，卻可以透過其他方式掌握自我狀態。觀察他人打電玩就是最好的例子，等於現場目睹完美的練習。電玩能讓人不自覺進入心無旁騖、只在當下的心智狀態，雖然分數可以說是所有玩家努力的成果，但真正迷人的卻是遊戲本身。打電玩必須全神貫注，多花一秒瞧瞧分數都可能影響破關成敗，因此只要稍加觀察，便會發現玩家是多麼百分之百專注於當下，儘管最高得分是目標，但是他們只會稍微放在心上，所有的注意力都集中於遊戲。有時候和忙著打電玩的人說話甚至得不到回應，因爲他們完全沉浸在遊戲歷程中。看電影時如果特別入戲，也會對外界少有反應。正因如此，對於吸引注意力才會有「抓眼球」的說法。

沒有一件事是絕對的苦差事或玩樂

多數人都滿擅長練習休閒活動，可以全神貫注於當下。那麼工作事務和休閒活動究竟有何不同？爲什麼人面對視爲休閒的事物遠比歸類爲工作的活動更容易專心？若是能就此找出解答，我們便能進一步在生活的不同面向和時刻都專注於當下。

我發現兩者唯一的差異其實出於人的**偏見**，如果我們進行某項活動時樂在其中，便不會視之爲工作。在此請先放下「工作」和職業之間的連結，因爲此處的工作泛指任何不想做的事，對有些人而言工作可能的確包括部分或全部的職場責任，但也包含那些想到就「不盡愉快」的事物。

替事物貼上休閒或工作的偏見標籤本來就沒有絕對標準，因爲人的喜惡不同而見仁見智，有些人喜歡園藝，有些人不碰花草。某天晚上我看了電視節目《蛇類的美妙》，節目名稱在我眼中相互矛盾，但是對於主持人來說卻如此自然貼切。

人會因爲偏見而對事物貼標籤，察知到這一點極其重要，因爲這表示沒有一件事是絕對的苦差事或玩樂，是我們自己依據偏見貼上標籤的。下次做某件實在很不喜歡的事情時，不妨暫停片刻問問自己爲何如此排斥，你很可能發現自己也說不上來爲什麼不喜歡，最後的回答可能是：「我現在就是不想做。」這意味了也許現在你想做的是自己歸類爲「非工作」的活動，所以心並不在此時此刻，而早就神遊到其他事之中了。

但是爲什麼人的潛意識會產生偏見，將事情區分爲「工作」和「非工作」呢？我認爲多數被歸類爲工作的事情都需要**決策**，下決策的確可能帶來壓力和疲勞，尤其是看似細微到難以察覺的決定，更容易引發這些感受。

某次我正忙著替一個交響樂團和獨奏鋼琴家準備演奏的鋼琴，同時注意到自己進入了「我現在就是不想做」的模式。我思索著自己究竟為什麼會有此感受，發現因為調音過程中我必須做幾百個決定，而每個決定都背負了責任。若是我沒能調整好鋼琴，鋼琴家上臺演奏時，他多年的練習和準備便付諸流水了。因為要替決定負責，擔心做錯決定使我倍感壓力；我繼續分析自己為什麼會對多年勝任的專業缺乏自信，發現因為心不在當下，所以**自知**並未完全專注於當下的活動，反而忙著想稍晚要做哪些「非工作」的事，等於潛意識裡明白自己**並未卯足全力**在準備鋼琴，而這又是因為自己在專業上純熟到失去了稍早提過的初心。我明明已經調了一整個八度的音卻不自覺，因為一顆心早已飛向未來做白日夢了。

再舉一個工作上的例子，各位可能也很熟悉。有次我和好友談到上述的想法，她分享了辦公室曾發生的一件事：某位負責計算薪資的同事，頭痛地面對著數百份等著發放的薪資和迫在眉睫的日期，腦中不禁出現不能按時完成工作可能產生的後果，不禁深感壓力。她可能得拜託主管開個特例延長期限，不過也許因為之前就曾經請求過，所以這回更為此焦慮；若是她不能按時計算好薪資，薪水支票可能得延後發放，隨之而來的是一堆申訴的電子郵件和電話，到時候除了得消化難以負擔的工作量，還得因應這些抱怨，而且這些負面評價恐怕會影響年度考績……種種焦慮就如滾雪球般不斷加深。

這一連串的念頭使她從白天上班到晚上回到家都筋疲力盡，而且總是因此難以處於當下，因為潛意識中掛念著一個個可能的壓力情境，一顆心總懸在未來。若是換個情境，計算薪資可能會帶來截然不同的感覺，有些人甚至可能因為不受到「萬一……」的思緒干擾，因而不會視之為工作。

但是這位女士就連離開辦公室也無法放鬆，無法安心享受家庭時光，甚至面對平日眼中「非工作」的活動可能都難以投入。更糟的是，她因為這些擔憂耗費了大量精力，卻沒有一滴能量是運用在計算薪資上，等於對減輕工作量毫無幫助。然而她對此恐怕毫無察覺，心頭浮現的只是：「這就是工作，而我就是沒心情。」

某天晚上，我無意間轉到了某知名男演員的電視專訪。平日我幾乎不看電視，總覺得投入的時間和收穫不成比例，但是這個專訪卻吸引了我，因為他談到晚期的自己開始靜心的原因。以本書的主軸出發，這個電視專訪的重點在於，他如何藉由靜心變得更專注於此時此刻，因爲如此沉浸於當下、徜徉於那分分秒秒，以致規畫未來甚至變得吃力了。他發現原來只要一心在此時此刻，專注於正在經歷的過程，原來自己可以如此享受當下。這項改變對他的人生和生活感受影響深遠。

下回面對那些貼著「無趣」或「工作」標籤的事，也許是除草或洗碗等，若是得花上好些時間，試著告訴自己前半個小時先專注於當下和歷程，之後想討厭再好好討厭吧，前半個小時先心無旁騖專注於手邊的事。別回頭從過去挖出一堆「工作類」標籤貼上，也別急著衝向未來估計自己何時能完工，而是讓自己投入此刻這項未貼上工作標籤的事。好好花半小時投入當下。**也別試著去挖掘樂趣**，因爲在這想方設法中必然會產生情緒和掙扎。如果要除草，那就**接受**要除草的事實，秉持這種態度推著除草機，你會發現草地愈來愈清爽的同時，除草竟然不像從前那般費力，甚至會更留意自己來回除草的方式，不會再因爲分心看鄰居洗車而草率誤除已經除過的區塊；你會聞到除好的草地散發出清香，也能夠欣賞陽光下那片綠油油的美。專注當下半小時就好，保證能令你感到驚奇，而且只要體驗過除草這般乏味的事情竟能變得截然不同，就會有持續的動力，因爲這項改變對於生活和生活態度的影響顯而易見。

這當然不是簡單易行的小事，不過本章稍早也提過，其實每個人在初心階段都曾經自然輕鬆地多次進入這種狀態，唯一的差別在於當時並非刻意啓動當下模式。一開始練習這項技巧時，最好選擇不會引發太多情緒的活動，例如若是你推測自己得繳五千美元的稅，那報稅可能就不是理想的練習，因爲情緒會干擾任務的進行。不過這種當下心境的思維練習成熟後，面對影響心情的事物時便能發揮功效，順利處理之餘還能穩定心情。練習的心境有助於穩健處理棘手的問題，使效益最大化的同時，也能應對負面情緒。換言之，不僅能讓內心平靜安然，還能事半功倍。

下一章將談到，如何以簡單易行的方法培養出練習的心境。

習慣是養成的，慎選為上。

第四章

chapter 4

培養理想的習慣

想出一個能讓自己先跳脫情緒的啟動鈴，幫助自己執行先前決定好的反應方式，以便建立新的習慣反應。

漸漸的，這種新的反應方式便會產生慣性，幫助你以理想的方式反應，進而因為情緒和心智上得到的動力而持續執行。最終這整套機制便會逐漸昇華為個人的本能，成為處理狀況的習慣流程。

各位讀到現在應該已經發現，或者說應該已經發覺本書的幾項主軸了。其中一項就在**覺察**（awareness），沒有覺察便無從改變，這個事實在自我精進上格外重要。若想主宰人生歷程，就必須覺察自己的所言所行、思緒念頭和計畫目標。

事實上，多數人之所以覺得這不容易做到，是因爲我們往往**缺乏和自身念頭的連結**，念頭只是一個接一個冒出來，就像馬匹不停地奔跑，我們卻手無韁繩。對於自己的起心動念和行動舉止，我們應該要能觀照察覺，就像教練觀察學生一般。教練不應該抱持偏見或情緒化，並清楚自己對於學生的要求，他會先觀察學生的行爲，一旦發現偏差便溫和地請學生留意，並引導他們重回正軌。稱職的教練不會因爲學生表現偏差就情緒化，人之所以有負面情緒，往往是因爲有所預期。要成爲自己的教練，我們就必須放下原有的預設。種種的預期其實都等於是成果導向，也就是「如果自己沒有達到**應有**的表現就不滿意」，產生這樣的情緒意味著你已經脫離了歷程導向的模式，或是心不在此。

就像朝垃圾桶投網球，我們應該不帶情緒地觀察歷程，消化歷程提供的資訊之後繼續向前，學習新事物或是面對不喜歡的活動時，就應該秉持這種態度。這也適用於較抽象的目標，例如訓練自己對於念頭更加覺察，加強自我觀察的能力。

習慣和練習密切相關

人之所以和自己的念頭與行動失去連結，其實是因爲生活中養成的思維模式，使人失去了眞正的力量，所以必須戒掉這種生活模式。說穿了就是**習慣**，我們的一切言行都是某種形式的習慣，無論是思考模式、說話方式、面對批評的反應，或情不自禁想吃的點心，其實都出於習慣。就算第一次面對某個情境，人也會出於習慣而反應。所有的念頭無論是琢磨出來或靈光乍現，其實也取決於個人養成的習慣，只要了解習慣的養成過程，任何好習慣或壞習慣其實都能夠隨意替換。

習慣和練習密切相關，因爲加以練習便成習慣，此一關鍵點出了掌控練習心境的重要。無論我們對此是否有所覺察，其實心智仍然一直在練習某些行爲；任何事加以練習便成爲習慣，所以只要了解習慣如何養成，並覺察自己正在養成哪些習慣，便能用心、刻意地培養理想的習慣，而不受害於不自覺養成的壞習慣。究竟習慣是如何作用而成的？幸好我們不必爲這般寶貴的資訊傷腦筋，有前人的研究足以作爲參考。

運動員將特定動作變成習慣，將覺察內化成自然

行爲學家和運動心理學家都曾針對習慣的養成進行大量研究，其中關於如何培養理想的好習慣和戒掉不理想的壞習慣的論據極爲珍貴，對於高爾夫球或跳水等動作重複的運動格外有幫助。我們常見到高爾夫球選手不停重複練習某個揮桿動作，跳水選手也常在泳池邊反覆琢磨即將執行的複雜動作，這都是在透過練習

將特定的動作**變成習慣**。這是什麼意思呢？就我看來，所謂的習慣指的是再自然不過的行爲，因爲出於本能而不假思索。學習武術就是一再反覆練習某個動作，將反應**內化**成習慣到渾然天成又極速無比，畢竟面對危機時，大腦不會發揮智力思考「對手那麼做，那我必須這樣因應」，習武之人應該要能立即反應成自然，這正是我們所追求的——將「覺察念頭」內化成自然，毋須耗費大量心力。

要達到這個境界並不複雜、麻煩，雖然需要付出努力，但只要熟悉其運作模式便能事半功倍。必要條件在於覺知自己想達成的目標，謹記必須刻意重複哪些動作，同時也必須不帶情緒或批判地執行，而且應該要能自在安心地相信，只要自己在短時間內用心重複去做同一件事，便能夠建立起新的習慣，或以此替代舊習慣。

運動心理學家在建立習慣上的研究結果都相當一致。某項研究指出連續二十一天、每日重複特定動作六十次，便能建立起深植內心的新習慣，這六十次未必得一氣呵成，也可以分段成六次、共十回，或每回三十次、共兩回。這樣的做法運用在運動上，便可能改變高爾夫球的揮桿方式，或是讓某運動項目的動作內化成自然。

我練射箭時，便明白拉滿弓和調整呼吸其實都是在建立好習慣。連續多天每日練習正確的動作，便能建立正確的習慣，毋須刻意思慮就能自然掌握那「對的感覺」。但相對的，人們也有可能一不留意便拉弓呼咻射出，久成習慣。正因如此，我們才必須留意正在養成的習慣、清楚自己的目標並**刻意努力**。

同樣的，戒除惡習的方法並無不同，想必各位也曾試著改變某種長期的積習，剛開始會因爲在對抗舊習慣而覺得奇怪、不自在，但是短時間內不斷刻意重複之後，新做法也成自然，要回到之前的老習慣反倒感覺生疏。了解到這一點後，我在學習新事物時變得輕鬆不少，執行新動作的過程中也更能專注，不再忙著預測學成所需的時間，反而能以輕鬆的身心重複練習並專注於過程。深知自己正在學習，踏實努力卻免去掙扎。我不只曾經將這種做法應用於精進高爾夫球球技和學習音樂上，也成功以此進行了不少個人改變。

每次我發現我的行爲產生了自我牽絆或結果不盡理想，便告訴自己我已經完成了「覺察」的步驟，接著理智、客觀地決定目標和達成目標所需的行動，然後就**不帶情緒**地在短時間內刻意重複練習，透過執行動作朝理想目標努力。完全毋須焦慮，只要秉持著態度持續，安處於「當下」，深知自己正在朝目標努力蛻變成更理想的自己。

這個運作方式效果極佳，而且愈是親身體驗成功，便愈有信心能成功形塑自我和打造理想生活。

用啓動鈴跳脫情緒，開啓建立新習慣的過程

不過如果你希望自己能戒掉某個浪費生命的壞習慣呢？也許太常看電視或總是被同事尖酸的批評惹得滿肚子火，所以希望自己能夠建立符合理想自我的好習慣，該如何停止舊習慣的慣性作用？你可以藉由「啓動鈴」得到協助，此處的啓動鈴是用來開啓建立新習慣的過程，類似鬧鐘、哨子或警鈴等，提醒我們現在正在建立理想新習慣以替汰舊習慣。啓動鈴的作用之一，在於止住我們對某個情境

的情緒反應，有助於更順利地進入不帶批判的此時此刻，進一步掌控自身行動。啓動鈴能喚醒覺察，提醒我們針對計畫好的目標執行步驟，是再簡單不過的自我提醒。

設定預備動作，穩定情緒與抗壓

在此分享啓動鈴運用在運動上的例子：我目前指導很多青少年高爾夫球手，其中許多位每週都有巡迴賽要打。在確認啓動鈴之前，我們會先建立所謂的「推桿前預備動作」，目的在於協助球手面對情境時能放下情緒，進而加強擊球的穩定表現。首先必須擺脫的情緒化念頭也許是「這一球打不好就輸定了」或「剛剛推桿怎麼會失敗，這次千萬不能出錯」，預備動作能將令人焦慮的情境轉換成自在安然的心境，球手內心的喊話簡單到類似：「這是我現在該做的，好，開始！」

進行推桿前預備動作時，球手會先針對要設定的目標蒐集資訊，如同研討學問般不帶情緒地討論要達到的標的和方法。各位若是看過專業高爾夫球賽，大概都看過球手和球僮進行類似的討論，不過青少年高爾夫球中一般沒有球僮，所以這樣的討論便是球手的自我對話。同樣的做法如果轉換到稍早提到的職場情境，你可以告訴自己：「每次同事說出一些討人厭的評論，我的反應都十分負面，這樣對自己實在不好。下次碰到同樣的情況，應該要採取不同做法。」

這種新做法就是你應該建立的習慣。要在情緒高漲的情境下建立新的反應習慣最爲困難，因爲當下情緒波動會自然帶出既有習慣，然而情緒不會隨著行爲的改變而消失，所以必定要盡可能**先掌管好情緒**，才能夠意識澄澈地選擇下一步。高爾夫球手其實都會一再反覆練習預備動作，練習得自然從容到能夠在高度壓力下以此得到心靈歇息。

建立職場上的預備動作

你也可以運用同樣的原則建立「職場上的預備動作」，告訴自己要不帶批判和負面情緒地穩定回應，維持完全客觀的狀態，避免心態或情緒煩亂，進而好好下決定。正如同高爾夫球手的狀況，練習如何反應也是好做法：假設同事正莫名其妙對你亂罵一通或是口出惡言，先想像他的任何言行對自己毫無作用，以近乎旁觀者看好戲的態度觀察對方，同時維持冷靜，考量自己該如何反應。

儘管如此，稍早提到的啓動鈴還是有其必要，因爲這麼做可以啓動個人化，又能勤加練習的預備動作。例如，高爾夫球手雖然會事先蒐集資訊再做決定，不過上場的時候一切也還是從正式比賽開始才計分，打得出好成績才算，而這正是啓動鈴該發揮作用的時刻；以簡單的作用提醒球手啓動預備程序，準備「好好打一仗吧」。其實只要仔細觀察高爾夫球手的細微動作，就能發現這些啓動鈴，可能是拉拉衣服的肩線、摸摸耳垂或用雙手旋轉球桿，這些都是啓動鈴在告知「推桿前預備動作現在開始」。

現在回到假設的職場問題。想出一個能讓自己先跳脫情緒的啓動鈴，幫助自己執行先前決定好的反應方式，以便在面對煩人同事時順利建立新的習慣反應。應對難搞的人，要找到啓動鈴其實不難：別將對方放在心上，一旦他口出惡言引發了你的負面情緒，那股侮辱或厭煩就是啓動鈴。只要能夠處在當下，秉持之前決定的反應方式，便可以放心讓你的刻意用心發揮魔力，**出奇迅速地維持你的理智，同時也能在本能反應前掌管好自我**。漸漸的，這種新的反應方式便會產生慣性，幫助你以理想的方式反應，對於維持內心平靜的反應方式感到自信，從中感受到努力的收穫，進而因爲情緒和心智上得到的動力而持續執行。新習慣的建立就由此開始，最終這整套機制便會逐漸昇華爲個人的**本能**，成爲處理狀況的習慣流程。

如果希望能戒掉一天窩在電視前兩個小時的習慣，改以讀本好書或出門散步，拿起遙控器這件事便能作爲啓動鈴，提醒自己停下動作並導入建立新習慣的念頭：「哎呀，我又差點浪費時間在對改善心情沒有幫助的活動上。」

覺察自己的一舉一動，無論是具體行動或起心動念其實都是習慣，有能力選擇建立哪些習慣能讓自己感到莫大的自由，因爲你就是自己的主宰。另外也別忘了，如果沮喪感來襲，代表自己可能已經偏離正軌，所以才會誤以爲「我其實還有別的事情得做，這樣才可能快樂」，這不僅大錯特錯，還可能造成反效果。其實當下歷程就是完美的此時此刻——因爲你就是那株花。

你所需要的耐心，本就深藏心中。

第五章
chapter 5

培養耐心，從改變觀點開始

觀點改變，耐心自然應運而生。觀點的改變看似微乎其微，卻能帶來海闊天空般的自由，自信和耐心也隨之增加，而且專注努力的時時刻刻都等於在達成目標，不會因為擔心犯錯或時間限制而心生壓力。

只要放下對於目標的牽掛，轉而全神貫注於過程的體驗，耐心沉浸於其中的每分每秒，就等於在實現願望。

我的母親幾年前因癌症逝世，她曾經談過她的自我觀察，她對於病痛和處境的分析很值得在此分享。

母親和病魔搏鬥期間閱讀過的書籍不僅帶給她安慰，也幫助她更了解自己的性靈本質，每日的閱讀習慣在那苦痛難熬的日子爲她引入了安然的觀點。儘管她盡可能維持閱讀習慣，不過有時候還是會偏離、擱下閱讀帶來的思緒，分心至他處。

時時檢視好的想法，練出清晰的腦袋

母親說某一天她在努力堅持閱讀時，發現自己的思緒層次提升得更高而且更加進化，不但對於自己和生活的感受都有所改變，對自身處境的觀點也更清楚全面；然而她也觀察到自己若是因爲分心而偏離閱讀，進入「沒有時間」或「今天就是沒興致」的心態模式，便會隨之陷入效率低落的心態和觀點，這恐怕正是今日處處可見的問題。母親談到閱讀時表示：「人必須不斷檢視好的想法，藉以維持頭腦清晰和全面觀點，否則有時候就會被生活吞噬掉了。」時時吸收新概念可說是在建立新習慣，好認識生活並加以消化，這項新習慣有助於在每日生活中維持清明澄澈。

隨時實踐是關鍵

我在撰寫這本書的時候也借用了一些母親的話語。雖然本書談的概念不算多，這些簡單的道理也一直在等待世人發掘體會，但是卻往往在人們日復一日的忙碌中被忽略，所以我們應該以不同角度再三理解實踐，讓這些概念和生活哲理自然合一，**此時此刻的你我就在練習學成這些概念**。

有時候我會因為種種事務安排，無法一口氣讀完一本書，這時候我可能就今天讀兩章、明天再繼續讀下一章，這麼做卻讓我有時候想不起之前書中提過的寶貴論點。因此我希望讀者能夠隨時隨地翻開本書也能輕鬆進入狀況，毋須費力思索或翻閱前述章節尋找，也依然能夠記得書中的幾項重點。各位應該也已經發現，本書一再針對大家可能面對的問題提供幾項類似的解決之道，這是因爲人生的確不如想像中複雜難解。改變生活軌跡絕對可行，不過必定得將這幾個關鍵概念再三溫習勤練，直到將這些工夫練得內化成自然且收放自如，才不致被日常的庸庸碌碌淹沒無蹤。正因如此，本書才會來回重述幾個關鍵概念，如此也有助讀者了解這些概念和人人追求的正向特質其實密切相關。

不耐煩：心不在當下的徵兆

耐心這項美德便是個例子。耐心大概是數一數二、人人都追求的特質，字典將其定義爲「默默地堅持」，如此釋義儘管很不錯，不過耐心的特點之一在於平靜安然。此處指的是一般的耐心，情境也許是面對堵在車陣中、談話對象心情不佳或是在練習本書概念時所展現的耐心。究竟爲什麼維持耐心如此困難呢？

這個問題從缺乏耐心的角度切入可能比較容易，因爲多數人對於不耐的感受可能較爲熟悉，會因爲感受負面情緒而覺察到自己缺乏耐心。反之，在展現耐心時生活僅僅看似平順正常，而且在耐心狀態下自然不會感到焦躁，但是因故感到不耐煩時的體驗卻大不相同。

不耐煩是心並未處於當下的頭號徵兆，代表沒能用心在手邊的活動，而且已經偏離了歷程導向的準則。處在當下恐怕是最難學成的一門工夫，因爲人總是不停地偏離「當下」，任憑一顆心神遊他方。

我曾經多次傾聽自己的內心對話以觀察心的動靜，有時候眞是天外飛來好幾筆，可能在提醒自己繳交某項費用、編曲作樂、解決哪個問題，又或是昨天被某人惹得一肚子火時，應該如何發揮機智、快狠準地反擊……諸如此類的種種念頭都在早上沖澡時一湧而入。當下我的心四處亂竄，就是不安於此時此地，只忙著預期尚未發生的事件、思索根本還沒發生的問題，說穿了就是擔心操煩。如果能強迫心停留在此時此地和當下的過程，許多煩惱絕對會迎刃而解。

正如人們常掛在嘴邊的一句老話：擔心往往是多餘的。還沒碰到某個狀況就爲此操心只是窮耗力氣罷了。也許你會說：「但是明天的會議難度很高，我希望能在身處困境前思索推演。」這當然沒問題，就花半個鐘頭坐下來，心無旁騖地推敲會議的進行過程，全心全意只做這一件事：抱持著平靜客觀的態度，不帶情緒地思考要發表的意見，預期對方的各種可能反應，然後決定自己將如何回應、可能有何感受，問問自己這些回應方式是否能發揮理想的效果。現在的你放下了所有一切，專注於當下的事物，處於此時此刻的歷程之中，而不是趁午餐時刻或開車途中像八爪章魚般分散心神。老是忙於內心對話、自我挑剔，只會令自己更加急迫不耐，等於只是一心掛念在還沒發生的事物。要做，就踏實做得徹底。

培養耐心的兩個步驟

培養耐心的第一步：學會**覺察內心對話是否逐漸沸騰喧囂到自己也被捲入。**人在大多數時候不會覺察這種狀態的醞釀，代表你未能掌控狀況。在這種情況下，你會任由想像力挾持自己到一個又一個情境，心在不同的念頭、情境下有所反應，多種情緒也隨之在內心發酵引爆。要擺脫這樣似無止境又累人的循環，就必須向後退一步覺察眞正的自己，像觀察家一般靜觀好戲登台。愈勤加練習處在當下的工夫，自然愈能體會出不同於自尊心作祟的眞實自我獨白，練得勤熟就會在不知不覺中昇華到這個境界。培養耐心從改變觀點開始，第一步驟就是處在當下並專注於歷程。

培養耐心的第二步在於，**了解任何事情都沒有所謂的完美達成，並且學會接受這項事實**。眞正的完美不僅永遠在演進，也時時刻刻都在個人掌握中，就像之前提過的那株花。人所謂的完美，其實和當下處境、人生面向存在著必然的**相對關係**，正如將航海目標設爲地平線一樣不切實際。如果以地平線爲終點在大海航行，不達目標就不快樂，恐怕註定終其一生只能失意沮喪，整天駕駛船隻，忙著控帆航行，到了夜幕降臨卻仍不見自己比清晨時分更接近目標一呎，只能靠著船隻駛過海面激起的浪痕，相信自己正在向前。如此忙著掌舵整帆、努力航行之間，卻未察覺自己原來已經航行千百里。

打造完美生活有哪些必備條件呢？檢視自己的清單，思考一下。如果你認爲擁有更多錢財就會快樂，那可是人們自作自受的最大迷思。你聽過有人賺夠錢了嗎？世界上最富有的人也只想追求更多財富，同時也擔心失去。這種觀點絕對無法帶來眞正的安然，「只要……我就會快樂」的思維只會帶來不滿。

藝術讓人領會生命是永無止境，放下「學好」的執著

生命的精采本無止境，總是有更多事物等待我們去體驗。儘管你我內心深處都明白、也爲此感到慶幸，日復一日的生活卻使得這個觀點變得模糊、遙遠，人們整天受到各式廣告的疲勞轟炸，吸收著種種購買等於實現夢想的宣傳：「買這項，做那樣，人生必將變得完美。」但是這些保證從未生效。我們得放下快樂必須外求的迷思，轉而珍視自己無限成長的可能，不再視此爲必須抱著不耐去克服

的任務。

對於藝術多有涉獵的人，往往能親身領會這項永無止境的生命特質，因爲任何藝術都具備這項特質。我因此深信學習某種形式的藝術，對於體會幸福影響深遠，只要用心留意便能從中明瞭生命眞正的特質。

成人時期開始學習某種藝術其實並非難事，不過卻需要採取正確的觀點和合適的做法，無論學習的是樂器、繪畫、射箭或舞蹈，首要步驟都是找一名符合需求的教師。我們常替孩子物色合適的教師，所以這算是熟悉的例行事務，但埋伏在一旁等著澆熄學習熱忱的卻是欠缺準備的自己：這項剛入門學習的藝術有著無限的發展空間，因此我們應該放下盡快「學好」的執著，因爲在歷程中，成長本身就是目標。

採納上述觀點並不容易，因爲這和我們終日忙碌的模式背道而馳。在職場上，報告得盡速完成、下午兩點要開會等，每項任務都有起點、終點及句點。學習某種藝術有助於跳脫這種任務心態，讓人了解當下沒有終點，因此便能放鬆享受。無論你處在歷程中的哪一個階段，**當下**就是最合適理想的。

享受當下的學習和成長，耐心將源源不絕湧出

我在青少年晚期經歷過兩件事，扭轉了我對於藝術和人生的看法，從中培養出更多耐心。

第一件事發生在我開始學習爵士創作後。我的教師名叫唐恩，稱得上是當地首屈一指的爵士鋼琴家，某次下了課我正在收拾東西，他便開始輕鬆彈奏鋼琴，我從未親眼見識如此美妙高超的琴技。唐恩的琴技出自多年扎實自律的勤練，有時候甚至一天練習七至八個小時，他邊彈邊說，自己若不下苦功，恐怕無法彈得多好。唐恩這番話說得稀鬆平常，令我大吃一驚，表示如果自己能彈得如此出色，大概也會樂於整天聽自己彈琴。

唐恩看著我微笑說道：「湯姆，你知道嗎？多年前我第一次聽老師彈奏時也說過同樣的話。」唐恩師承某位全球知名的古典和爵士鋼琴家，我曾聽過這名頂尖鋼琴家的專輯，於是想著如果像唐恩這樣琴技非凡都還感到不足，那麼我應該重新思考自己學習鋼琴的動機，是否必須達到某種「完美境界」才可能滿足於自

我實現。

第二件事其實由第一件衍生而來，當時約十九歲的我和唐恩學了一年多的鋼琴。某天我正在練習某個曲段，但是怎麼練就是不順，因爲一直無法達到自己的標準而感到沮喪又失望，所以決定一一列下心中優秀鋼琴家必備的專業條件，例如在某些較困難的音鍵上要彈奏流利、能在大型舞臺演出等。

幾年之後，某個深夜我在大學的練習室裡又碰上難關，想著自己再怎麼努力都絕對不可能進步，低潮到決定結束當晚的練習。正在收拾東西時，突然有張皺巴巴的紙條從樂譜中掉出來，是我十九歲時替自己制定的五年音樂規畫，二十二歲的我完全忘了這回事，坐下來讀著紙條的我感到驚喜又感動。

原來二十二歲的我並未花五年的時間，而是不到三年便實踐了當初制定的計畫，甚至創下了當年十九歲的我根本無法想像的音樂成就，然而不變的卻是我的感受。成爲音樂家的我，對於自己的琴技和進步並未更滿意，因爲地平線這項目標只會不停向前，當初對於優秀音樂家的定義根本源自不同觀點。我花了好幾分鐘才全然想通看透，發現自己不可能因爲琴技精湛就停止向前的渴望，也不可能達到滿足自身期望的境界，更不可能有一天會相信自己達到目標毋須精進。那次的頓悟經驗眞是醍醐灌頂：起初低潮和憂慮占滿心頭，透徹之後取而代之的是同樣強勁的欣喜。當時我就知道這必定是所有眞正的藝術家必經的體悟，唯有如此才可能具備必要的毅力，在永無止境的學習路上向前精進。

知道個人成長永遠沒有盡頭，替我迎來了某種自由，在自我競賽上畫下了句點，也令人心安平靜。這一路投注了這些心力，此時此地就是我身處的所在，我頭一次回頭看看自己這艘船激起的浪痕，發現其實已經以頗快的速度航行了好些距離。不過，當下最撼動我的眞理，其實是能夠樂於享受每個當下的學習和成長，發覺自身彈奏創作能力的歷程就是目標，每分每秒的彈奏都在在證明自己達成了目標，所謂的錯誤並不存在，有的只是發現不同方法是否奏效的歷程。我不再爲了攻下想像中的音樂顚峰而苦苦爬山，看清音樂無限的本質讓我鬆了一口氣，不再畏懼沮喪。

那一刻扭轉了我的認知，開始以不同態度面對需要長時間投注心力的事物。單是如此細微的觀點改變就使得耐心源源不絕，對於進展多了分耐心，甚至根本不再觀察自己的精進程度，因爲無論做什麼，只要全神貫注在歷程上，自然能更上一層樓。**只要秉持初衷、專注於當下，目標自然會朝著你信步走來**。反之，如果老是緊盯目標，不僅難以水到渠成，反而可能拉遠距離，因爲每一次針對目標審視當下的進度，等於都在告訴自己還沒成功。其實只需要偶爾確認目標，讓目標成爲推動自己朝正確方向邁進的方向舵即可。

這就好像在湖裡游泳，想游到另一頭湖畔的大樹。如果專心低著頭，每次揮手都盡可能地划水向前，每次換氣都吸滿新鮮空氣然後輕鬆吐出，偶爾看看岸邊大樹的位置好確認方向無誤，同時盡可能不帶情感束縛地告訴自己：「好，現在要朝左一點。對，這樣好多了。」但若是每次動作之後，頭總是在水面上，緊盯著大樹目測距離還有多遠，反而浪費了大量的精力，而且只會更沮喪疲憊又感到不耐，還會因爲情緒化地批判自己的進展而失去耐性。這些浪費的能量原本可以投注在游泳上的，現在卻因爲用錯地方引發負面情緒，反而流失掉更多氣力。這等於是在跟自己作對，如果眞能游到湖畔大樹旁，恐怕也得耗費更多時間。

我們的社會實在缺乏這樣的認知。不僅反其道而行，對於達成目標甚至極端到本末倒置，從下述兩個例子可見一斑。

沒有速成的捷徑：自彈式風琴與信用卡

一九七〇年初期，幾乎每個有樂器行的購物中心都會有人示範所謂的「自彈式」風琴。這種樂器就是專門設計給想學琴卻又希望能立即上手的人。這些不願意投注時間練習的人讓製造商看見商機，進而設計了獨特的鍵盤好大賺一筆。

在此向從未見過這種俗氣鍵盤的讀者簡介一下其運作：一般而言，只要左手和右手各按一個鍵盤，風琴便會彈奏出一整首你事先挑選的歌曲，除了當紅的流行音樂，也有經典老歌，風琴會同時在奏曲中顯示應該以哪根手指彈奏哪一個音鍵。簡言之，這組鍵盤知道如何根據彈奏者按下的音展開曲目，只要右手按一個鍵，風琴便會自動提供旋律和弦，好似你孜孜不倦練習了多時。說得直接點，既然只需要兩根手指就能彈奏樂曲，就算只用一雙筷子彈壓也能夠奏出整首歌。

這些風琴賣得如何？好極了。許多人就是喜歡讓不知情的朋友刮目相看，讓對方誤以爲自己突然琴藝高超。示範這些產品的銷售人員本身的確會彈琴，就算偶爾加以變奏卻也絕不多提，哪怕顧客注意到這一點、卻仍寧願相信自己能立刻學會，因此忽略了銷售人員本身會彈琴的事實。顧客往往會左壓一個鍵，右按一個音，風琴彈奏出接近中級班的程度，讓這些人嘖嘖稱奇：「我眞的會彈琴耶。」我每次見到這個情形就想：「不，你不會彈，因爲這根本不是彈琴，是樂器自己在彈奏，而且可能還邊彈邊偷笑你呢。」

這個例子的重點顯而易見，許多人卻還未能領悟：**投機取巧無法成功**。購買這些風琴的人抱持著藉此學琴的心態，卻不明白按壓琴鍵和彈奏完全是兩回事，可惜他們不了解無論按多少次，都不可能對於彈奏音樂有所體會。由內而外地詮釋旋律或彈奏任何樂器必須投注心力，宇宙定律只會讓親身努力的人有所體悟和豐收。學習音樂的歷程等於在學會獨處和感受音樂能量，同理也適用於發展其他技能。人需要透過音樂表達自我，音樂也需要藉由人得到發揮，我們投注時間和精力，音樂則還以千倍。透過音樂表達自我之所以使人快樂，往往是因爲自己深知目前的進度歸功於親身投注的心神和耐力。

一般人對於這項宇宙定律多少都有所了解。無論你堅持努力的目標是節食瘦身、規律運動、跑馬拉松或某個生涯規畫，若是輕而易舉或毋須努力便達成目標，其實不具意義，正因如此上述風琴的銷售才會退燒。我因爲處於鋼琴領域，看過許多類似的樂器最後只在客廳一角積灰塵，從未見過任何主人彈奏，原因就在彈奏起來既膚淺又無趣。可悲的是，購買了這種樂器反而可能減低主人對於學習樂器的熱忱。

第二個例子想必大家都十分熟悉：信用卡。使用信用卡儘管方便，在現代社會有時也絕對有其必要，但是這種立即滿足，恐怕還不如稱作「無謂的滿足」。人只要使用信用卡就可以毫不費力取得結果，不必先努力賺錢或耐心存款也可以得到商品，反正等到下個月底收到帳單再繳費，就能體驗先享受後付出的奢侈。有些人的確會乖乖按時付款，但是許多人倒未必，也難怪卡債高築的人數不斷攀升。

信用卡就像自彈式鋼琴一樣，使人誤以爲有捷徑可抄，便毋須耐心等待。如果抱持的心態是「我現在就要，而且一定要到手」，以信用卡付費的確比隨身帶著現金簡單方便多了。方便到人有時候甚至對於付款期限並未多加留意，不知道自己甚至可能要替這場交易多付出商品價格的兩成，購買商品的興奮感卻往往在收到帳單前早已退燒。爲什麼？因爲得來過於不費吹灰之力。

既然這又驗證了宇宙眞理與其反其道而行，何不平心接受，將其運用於提升生活品質？無論追求的是物質或個人目標，其中眞正的快感都出於自身對於得到那一刻的預期，而最踏實的喜悅則需要投注好一段時間，期間必須產生韌性和耐心並持續維持來完成心願。這就像在湖中朝大樹游去的例子，每個當下的重點都在於朝目標努力，對於目標只需要偶爾確認方向和使力方式正確，等到收成的時間成熟，自己早已投注了許多心力。成功達陣不僅實至名歸，也是整路歷程的顚峰，含括了紀律、努力、自制、耐心等，最後終於開花結果，這種回饋的美好，大大勝過一通電話或刷卡得來的短暫開心。

不是直奔終點，而是分心去體驗

可惜不明白這道理的人比比皆是，這些人將追求目標的努力歷程視為達到願望必經的麻煩事，因此眼裡只有目標，在追求歷程上全然失焦。達到目標所感受的快樂其實十分微薄，難以和專注歷程之後的成就目標相比。沒錯，關鍵就在「成就」二字，因為「達到」目標和「成就」目標可是天壤之別。多數人終其一生都像在跑著永無止境的滾輪，忙於一件又一件接踵而來的事，卻未能體驗其中或是個人成長帶來的深遠喜悅。

改變觀點的第一步，在於認清上述的眞理，為某個特定目標努力投入時，也要用心於歷程。假設你決定追求的目標需要長期努力，那在訂定目標後就必須謹記自己等於展開了成就目標的歷程，如果總是專注在結果恐怕難以成功。既然認定了目標就可以先將目標暫擱一旁，**轉而**投注心力於練習和歷程，**藉此**朝目標前進。

只要放下對於目標的牽掛，轉而全神貫注於過程的體驗，耐心沉浸於其中的每分每秒，就等於在實現願望。在這種情境下，耐心以對是再自然不過的，毋須費力或勉強自己，因爲觀點有所改變，耐心自然應運而生。雖然這項觀點的改變看似微乎其微，卻能帶來海闊天空般的自由，再艱難的挑戰也可能克服，自信和耐心也隨之增加，而且專注努力的時時刻刻都等於在達成目標，不會因爲擔心犯錯或時間限制而心生壓力。

再舉一個音樂相關的例子。如果你秉持著這種新觀點學彈某一首樂曲，體驗必定截然不同於一般人學習新曲目的歷程。一般心態是只有彈得完美無瑕才可能滿意或稱得上「達到目標」，所以只要彈錯音或卡在某一處，就等於在告知自己尚未成功。可是如果將目標訂在「學習」彈奏這首樂曲，挫折感自然會煙消雲散，因爲努力投入學習的每個當下都在成就目標，彈錯不過是學習彈對的必經歷程，彈奏能力不會因此扣分。每個彈奏的當下都等於在吸收新知和養精蓄銳，好挑戰下一首新曲目，音樂上的理解和學習經驗都因此更加豐富發展，而且一路上的體悟和收穫都可以免於挫折和不耐的干擾。改變觀點不正是給自己的最佳禮物嗎？

哪些技巧有助於將練習的心境融入每日生活呢？我將在下一章分享自己從生活眾多面向汲取而來的幾種做法，希望能幫助讀者改變觀點、增加耐心。這些做法對於一般人可能是種挑戰，但是其實很容易理解、消化；我也針對每種技巧使用一、兩個口訣，有了口訣就更方便隨時隨地在沮喪心煩時記起這些小撇步。如果能夠三不五時溫習這些技巧，便能更輕鬆抵擋「只重結果，不看歷程」的主流心態。繼續讀下去，開始練習吧！

遇上錯綜複雜的挑戰，以簡單而純粹的努力去面對，多半都能迎刃而解。

第六章

chapter 6

將練習心境融入生活中的四個關鍵S

學習掌控練習的心境時，重點在於採取的運作方式要能幫助自己更輕鬆自在地處於歷程，簡化、縮小、減短和放慢這四個單純直白的技巧，能助你一臂之力。

將練習的心境融入每日生活的四個關鍵S，就是**簡化**（simplify）、**縮小**（small）、**減短**（short）和**放慢**（slow），稍後我將解釋這四個概念如何緊密連結而且相輔相成。學習掌控練習的心境時，重點在於採取的運作方式要能幫助自己更輕鬆自在地處於歷程，而這四個單純直白的技巧便能助你一臂之力。

簡化

針對某個特定計畫或活動，先就其本質**簡化**成幾塊。切記不要將目標訂在能力範圍之外，不切實際的目標只會帶來挫折和引發錯誤，使人懷疑自己的能力。每個簡單目標的達成都能產生使人繼續向前的動力，而且不會因爲負擔過度而心力交瘁。

縮小

心繫整體目標的同時，視其爲方針或遠處的燈塔，持續朝正確方向邁進。不過若能將整體目標切割，成爲只要從容專注便可能達成的**縮小標的**，聚焦在這些縮小標的上，比致力於整體活動更輕鬆簡單，而且也能持續獲得成就感。

這項做法和其他技巧一樣，不僅能用在特別的目標和活動，也適用於日常生活，例如鍛鍊健身、週末清理車庫，或爲了加強耐心而練習改變觀點。一般人對於清理車庫可能都再三拖延到實在逼不得已，試著先跳脫主觀，檢視自己對於清理車庫的感覺，可能浮上心頭的是整件事必須投注的心力，就像面對眼前的一座高山。這種看法難免會引發許多自我批判和負面情緒，也許你早就預示到自己會喃喃自語：「要整理的東西這麼多。這個要留著，還是丟掉？那個以後到底還有沒有機會再用？整個車庫就像垃圾場，清理起來要耗費好多時間精力，工作了一整週之後還要下一大堆決定，我真的只想休息放鬆啊。」這些內心對話和清理車庫本身並無關係，卻使人筋疲力盡。

如果能將整件事縮小成幾塊，便能加以簡化，例如：「今天就清理這個角落，再清理窗戶，這樣就好。門邊和上方的東西就先別費神，整理好這個角落就算本日達標。」如此每回達成一個小標的，便不會因爲整體工作而感到沉重如山。

減短

現在可以再加入**減短**，告訴自己：「接下來幾天我就每天花四十五分鐘清理車庫到完全整潔爲止。」任何事情若是只需要進行四十五分鐘大概都不成問題，而且只需要清理車庫某個角落四十五分鐘，便能宣告完成當天工作。努力四十五分鐘之後看看手錶確認時間，便能在放下工作的同時，因爲距離清理車庫的目標更進一步，感到掌握自如又滿意欣慰。先將整體工作簡化、縮小成幾塊，要求自己短時間專注其中，這就是清理車庫的藝術。

放慢

將**放慢**套用於活動歷程中自然有其矛盾，在此放慢是指：努力的速度應該要能讓人覺察自己的一舉一動。

速度快慢取決於個人性格以及進行的活動，例如洗車的時候，棉刷的來回速度應該要慢到讓自己能夠仔細觀察動作，洗車的速度自然有別於學習新電腦程式的速度。只要能保持覺察、注意自身行動，大概就是理想的工作速度。放慢速度的矛盾在於，因爲**沒有浪費精力反而能更事半功倍地完成工作**，各位不妨親身試試便知道。

刻意放慢速度還另有效果——能改變自己對於時間流逝的感受，因爲人若是投注了全數心力於一件事，自然會影響對時間感的掌握。

在工作上應用四個關鍵S

維護鋼琴的工作，有時需要我投入遠超過每日能運用的時間，所以常常一週七天都要工作，一天十四至十六個小時，而且每次都持續好長一段時間。某次我面對即將著手的長時間維護工作，決定將工作速度刻意放慢。乍聽之下這麼做也許像在作繭自縛，但是當時我爲了工作投注了過量的時間，導致身心失衡，不僅疲憊又心煩，既然無法休假，能整日放慢行動聽起來還挺不錯的。

那天早上的第一件工作是替當地交響樂團準備好三角鋼琴，以供樂團邀請的獨奏家演奏，接著則要替交響樂團用的第二台鋼琴調音。之後我還得到兩個外州進行鋼琴保養維修，晚上再回到演奏廳和獨奏家溝通，並再次確認兩台鋼琴的狀態。這樣的工作量是我們這一行整日工作時程表的兩倍半，我之所以用時程表是因爲我那天「必須上午七點半前到甲地，上午十點前到乙地」。

我開始準備第一台鋼琴時，可說是用盡全力地慢，慢慢打開工具箱之後，並未自以爲省時地一把抓出各種工具，反倒是一次一樣地拿出來並整齊排好，開始調音時也刻意放慢速度，將每項工作獨立進行。

這般刻意放慢速度感覺很微妙，一開始會聽到自己腦中高聲吼著加快速度，例如「這樣永遠做不完！眞是浪費時間！」隨之而來的是還有多少工作得完成才能合乎要求，這時內心的焦慮不斷升高，情緒也逐漸發酵。我們之所以會如此反應，是因爲放慢速度和今日社會的各種主流價值觀都背道而馳。不過很快地，如此每次一項，刻意慢慢進行，其中產生的美好會收服你的內心，使內心順其自然地想避免壓力和焦慮。放慢速度工作，唯有刻意進行才有可能，而刻意的同時等於在要求自己專注於歷程、聚焦當下的動作。

我將第一台鋼琴準備好之後，甚至還刻意小心翼翼地收拾工具，然後走到十呎旁的第二台鋼琴慢慢再次打開工具箱，同樣一次拿一樣地著手工作。平常的我一次拿的工具數量可能是兩倍，也會在舞臺上跑來跑去好省點時間，不過那天不同，我下定決心要放慢工作速度。多數人成天東奔西跑，習慣了匆匆忙忙的我十分驚訝，原來需要如此專注費力才能刻意放慢速度。

我特意脫下手錶，才不會因爲忍不住注意時間而影響步調，同時告訴自己：

「這麼做是爲了自己和身心健康。如果需要的話，也可以打電話告訴對方自己會遲一些，最多也就這樣吧。」

進行第二台鋼琴的準備工作時，我開始發現這種感覺有多美好，不會緊張到胃痛，對於當天的工作時程也沒有預設，同時還免於肩頸痠痛；取而代之的是輕鬆平靜的安然，感覺當天眞是美好，美好到近乎喜悅。任何匆忙進行的工作其實放慢執行都**簡單**到出人意料，不過眞正的體悟卻是在我完成第二台鋼琴工作的時候。正當我慢條斯理地將工具一樣接著一樣收好，專注於每個細節，同時繼續盡可能慢步走到一條街外的停車處，就這麼專注於每一步地緩步向前。也許這聽起來有點瘋狂，不過反正是個實驗，我也的確在平常全身緊繃的情境下，成功感受到不可思議的平靜，所以想看看自己能讓這種感覺持續多久。

我上了車，轉動鑰匙，儀板表上顯示的時間讓我怔住了，不敢相信跟平常比起來，我竟然花了那麼少的時間！我猜想時間一定不準，畢竟同樣的工作我都做了這麼多年，一週要準備演奏鋼琴五、六次的我，對於所需時間一清二楚。我從口袋掏出手錶後發現，時間竟然和儀表板顯示的相同：我的確比平常省下了超過四〇％的時間。我明明已經盡可能放慢速度，而且心想自己八成晚了一個鐘頭，可是事實證明我如果不是工作效率提升（但是在刻意放慢步調的情況下實在不可能），就是成功讓時間變慢（雖然想像起來很有意思，但是恐怕沒有人會相信）。無論原因爲何，我因此充滿了動力，決心一整天都要繼續這項實驗，結果工作進度竟然快到還有閒暇在不錯的餐廳好好吃一餐，而不是像平日一樣在車上啃三明治，甚至沒空吃飯。

此後，我每次刻意放慢速度都能達到同樣的效果，無論是晚餐後清洗碗盤或是鋼琴修復這樣單調無趣的工作，屢試不爽。唯一失敗的時候，就是當我因爲缺乏耐心而**在緩慢工作和趕著盡快完成之間舉棋不定**。

切割時間，並穿插休息

這四個S其實都是同一個歷程的要素，彼此相輔相成，放慢速度事情自然變得簡單，想要簡化就先將工作劃分成小塊並慢慢一一進行。要培養並維持這四個關鍵S需要一些心力，因此在應用時若是能將時間切割並穿插休息時間，便能更順利、有效，且投入其中。

例如我決定要在工作超級滿檔的那一天練習放慢速度，儘管放慢是目標，我卻並未整天執行到底，而是告訴自己：「現在試著放下工具箱、打開之後慢慢拿出工具，進行第一台琴的準備工作。」任務達成之後，我繼續想：「看看能不能慢慢調整中間琴鍵的那些音。」以此類推，我將整體工作縮小成幾塊，每回運用偏短的時間投注其中，因此成功簡化了整個流程。這種方式讓我能成功地一步步向前，雖然並未對目標緊追不捨，卻因爲從早到晚投入於此時此刻而接近目標。

用刷牙開啓每一天，進入練習的心境

我會利用慢慢刷牙將自己一早就帶入練習的心境，乍聽之下也許稀鬆平常，但是如果每次刷牙都要慢慢刷其實並不容易。人的許多行爲活動都是不經思索的，正是因爲這種毋須多想的自動化，使得我們毫無覺察自己不在當下，例如想要慢慢刷牙就必須格外刻意並強迫自己處於當下。若想學習專注於當下，刷牙是理想的練習，原因包括刷牙時間不會太長，不至於費力到令人對練習失去興趣或感覺達到目標遙不可及；刷牙是人人每天都需要做幾次的事，因此有助於將這種放慢的心態轉化爲習慣；再說，面對忙碌焦慮的一天，我們能從慢慢刷牙中體會放慢腳步並全然處於當下的美好。

以上技巧剛開始練習時可能有些困難，其實那只是因爲你可能早已經養成不同的努力方式，主流文化又不鼓勵本書提出的方式，所以踏上這條新路並採納新的思維觀點等於要背離一切所學。

切記，這些簡單的準則可以運用於所有的生活面向和一切活動。只要開始蛻變、演進，你心中的觀察家自然也會日益強大。開始關注自己如何生活的同時，也會更清楚自己是否處在當下、專注於歷程。這倒不代表能絕對自律，因爲我們有時候還是會退回到「追求完美」的心態，想著：「唯有時時刻刻都能絕對做到，才算達成目標。」我們應該要安然接受這是一輩子的功課，就連初期微乎其微的進步也是學習。多想想那株花吧，無論位於成長和蛻變的哪一個階段，做自己的你，時時刻刻都很完美。

少了批判，內心才有可能平靜。

第七章
chapter 7
隨遇而安和DOC法

如果你覺得自己常常過度擔憂，可以採用DOC法來調整：只要發現自己為某事擔憂就等於完成了準則中的「行動」；接著「觀察」這項希望改變的行為，觀察自己開始擔憂的同時，試著從中抽離，提醒自己當下正在發酵的情緒對於擔心的事情毫無幫助；盡可能擺脫這些情緒則是「修正」的部分，同時採取以觀察的角度面對問題。不久你將能體會處於當下的美妙，而且不再執著。

隨遇而安的重點在心境平靜，聽起來像是生活幸福的必要配方，也是絕對值得努力培養的美德。不過隨遇而安應該怎麼練習，又如何能應用於生活中並持久不退？

隨遇而安：不批判、不辯論的頭腦

擁有這項美德的人不會心煩於生活三不五十的起伏波動，似乎沒什麼能讓他們煩惱。爲什麼呢？因爲隨遇而安出於不帶批判，沒有批判，內心的辯論才能平息。

人對於生活中的一切都免不了批判，而且往往毫無自覺，從起床便開始批判，就連睡夢中的自己也不放過：「我做了噩夢」或「昨晚睡得眞香甜」。對於一天發生的事情我們當然也予以批判，面對每件事和每句話，都以自身觀點和過往經驗來評判。這當然有其必要，因爲如此才能決定事情的輕重大小，例如「早餐就吃這種玉米片吧」，意味著自己已經衡量過不同早餐的可能性，然後決定捨去其他選項，說不定明天就不吃玉米片而改吃蛋。

批判來自評量比較，有理想標準才有相較可言。我曾在稍早的章節提過，批判必定奠基於某種設想好的理想標準，人會產生批判也是因爲心中對於某物件、經驗或情境已經抱有預想，所以會將當下情境與同性質的理想或過往經驗相互比較。如果對於自己的批判毫無覺察，可能會愈陷愈深，而所謂的理想也會不停演進。

如果看完某部電影後評論：「眞是部好電影。」代表在將這部電影和其他觀賞過或好或壞的影片做比較，也可能是和自己心中對好電影的理想標準相評比。如果你比較的是曾經觀看過的電影，可以問問自己爲什麼今天看的這一部，稱得上好或壞，而回答就是批判，無論你對於新電影的評價是褒是貶，從觀看、評比到最後的批判，其實都在形塑潛意識裡「理想」影片的形象。人生不同階段中看法和價值觀的改變，也會使理想有所演變，三十歲時喜歡的電影必定不同於七歲時的喜好。

批判分辨的能力固然對於生活運作有其必要，卻也有負面影響：執行起來不可能客觀。

雖然批判對於生活的運作有其必要，卻也有缺點：人在批判時**難以客觀**。批判時往往帶著情緒，而且愈是看重批判，情緒波動就愈大。剛剛提到「今天早上若是能吃某品牌的玉米片其實最理想，不過既然家裡沒有，那就改吃蛋」這樣評判其實並未牽涉到太多情緒，不過多多少少會失望。相較之下，「理想的工作應該在當地，不過既然五個州之外有工作，就和朋友道別，爲了工作舉家搬遷。」這批判過程中的情緒起伏可就大多了，因爲這個決定對於個人和全家的生活都影響深遠。然而這當中的情緒波動和下決策其實並無關聯，反而是人因爲情緒干擾而難以清楚思量，因而也在試著定下理想決策時感到掙扎。

我擁有私人飛行執照。取得執照前的相關課程都會強調學員要依照程序飛行，千萬不能讓情緒影響判斷力；訓練期間，教練也會在某個階段將駕駛桿拉到最底，在學員完全沒有心理準備之下問道：「引擎故障了，怎麼辦？」這時候就應該要按照程序行動，而這套程序早已多次重複練習到成爲習慣。有位教練甚至提醒我，每回踏上飛機第一件事就是將「引擎故障」的緊急程序沙盤演練一次，她也教我在踏出機艙前再將同套程序作爲收尾練習，如此若是眞的碰上引擎問題，便不會因爲情緒、驚慌或雜念而失去寶貴的幾秒鐘，也才能夠好好決策並執行。

這套練習方法的確管用，其效用可見於許多商用或私用飛機的英雄式緊急降落。我曾經聽過某航空公司的機師和塔台之間了不起的對話，這名機師正在濃霧中飛行卻有幾樣機器故障，在黑夜中飛行於山間的他，只能仰賴塔台告知如何轉彎以及應當維持的高度和方向。窗外一片漆黑，不小心一個動作執行錯誤便會造成空難死亡。儘管他的情緒可能正在心扉外猛敲門、尖聲高叫著想引起主人注意，卻都未能得逞。這名機師和副駕駛全神貫注在練習成熟的程序中，在隨遇而安的最高境界中執行動作，他們對於眼下的問題毫不批判，完全忙於反應；畢竟此時此刻的他們若是對於自己所處的情境任性批判，只會因此麻痺了心智而造成喪生。塔台的對應人員也如同兩位機師般程序導向，因爲他深知對方的性命仰賴於自己不帶情緒的運作。這段對話聽起來著實不可思議，在在顯示了人的行動運作唯有跳脫情緒和潛意識批判的種種影響，才有可能展現最佳狀態。

進行批判時無可避免的情緒源於「對錯感」，又或是「這樣算好，那樣叫糟」。**對**和**好**能令人感覺快樂，**錯**和**糟**則會帶來沮喪和悲傷，我們認爲那些或對或好的事物至少趨近理想，若是又錯又糟就等於偏離理想。人人都追求快樂並渴望理想的生活，但是所謂對錯其實既無普世標準，也不可能恆久不變。四百年前，伽利略提出地球並非太陽系中心的觀察，當時被視爲公然挑戰上帝的異端分子而被判入獄。然而伽利略在今日卻成爲當時少數洞悉眞相的人，當時被批判成又錯又糟的他原來說得既對又好。

如果從兒童三歲起追蹤其生活並偶爾問他如何定義「理想」，不同年齡的他會有不同的解讀。三歲時可能滿心只想著某個特定的玩具；十歲時也許想要新的腳踏車和不用上學；到了十九歲也許希望能獲得獎學金，並和心儀的對象約會；三十歲的他可能追求的是高薪工作、家庭和外表亮眼的配偶；到了五十歲，也許希望能換個伴侶並提早退休；等到七十歲，希望的可能是多活十五年，又或是能時光倒轉重返校園，好扭轉所有犯下的錯誤，進而擁有理想的人生。

人對於**理想**和**完美**的定義總是在改變，現在認爲的好或壞也不可能永遠絕對。此處的對錯當然不包括恆久的眞理，例如奪取他人性命本就是錯誤的惡行，這裡談的是評比和批判——這種在生活中分分秒秒都在進行的行爲可能會引發情緒、導致焦慮和壓力。

覺察慣性，對他人的言行免疫

我們該如何面對導致效率低落的批判習慣，如何跳脫慣性循環？首先得覺察自己究竟何時會批判。既然多數人時時刻刻都在批判，其實大有機會可以觀察自己何時會展開這令人疲憊的過程，發現了這個時刻等於掌握了良機，好培養出不帶批判且內心平靜的自己。

要培養出新的自己，就必須學習更加客觀地自我觀察，若是無法跳脫起心動念的種種思想過程，自然難以分析過濾。這個概念也許初期看似抽象難懂，但是稍微改變觀點便會清楚明白。試想，人如果對於自己的一言一行全然覺知，必定是由兩方面促成：活動的一方和對此有所覺察的一方。人喃喃自語時可能認爲是在自我對話，聽起來的確合理，不過傾聽你自我對話的是誰？誰對於你在觀察內心對話這一件事情有所覺察？誰能夠對於你的覺察有所理解？

答案是眞我。發表意見的往往是人的自我或性格，可是默默懂你的眞我，其實正是深藏內心的觀察家。愈是貼近眞我，自然會減少批判，隨著內心對話消退，人也能逐漸跳脫成天由外而來的種種刺激，這個時候的你才能不帶偏見地分析自己的內心對話，有時候甚至可以帶著輕鬆的心情面對。

我的自我曾經幾次認爲他人的某句話「很煩」而不斷叨唸，我卻成功從自我叨唸中抽離，保持遠觀不受影響。這種感覺就像隱形起來，在某個房間看著某人抱怨著絲毫不重要的事，而且還可以應用在其他焦慮的情境下，例如面臨工作完成期限或財務壓力。我曾經眼睜睜盯著自我喋喋不休地唸著我，批判我絕對無法如期完成工作；可是當我擁抱眞我、轉換成觀察家的角度，便能夠清楚覺知到自我感受卻不受影響，我告訴自己：「原來只是自我在擔心萬一無法如期完成，客戶恐怕會失望不悅。」

若能活出真我，便能對他人的言行免疫。我們會感覺他人對自己言行不當，是因爲自我在進行批判；但是採取了觀察家的觀點，便能夠平靜不受影響地看著對方的自我大吵大鬧。

不預設立場的觀察家觀點

無論進行何種活動，如果能採取練習的心境，就等於在運用觀察家的觀點。自我是主觀的，對於什麼都加以批判，連自己也不放過，無論身在何處、擁有多少的物質和成就都難以知足。觀察家則是客觀的，而且時時處於此時此地，不批判好壞，只是就事實來認知不同情境或言行，簡言之就是**接受情境的本貌**，因此觀察家總能保持平靜、隨遇而安。

無論是準備工作面試、希望在面對難搞對象或棘手情境能多些耐心，又或是想學習某項藝術活動，應用觀察家觀點就勝券在握且能免除壓力。因爲身爲觀察家等於保持客觀又不預設立場，完全和自我導向的心態相反，後者總是想「當第一」，並深信「沒人在乎第二名是誰」和「我就是要事事完美」。

現今社會中，面對那眾所皆知並不存在的完美獎盃，誰不拚命向前得筋疲力盡？如果有親友無法如願達到自認重要的目標，我們總能旁觀者清地以智慧話語加以安慰，卻無法以同一套面對自己。轉換爲觀察家的觀點有助於以旁觀者清的智慧來面對自己，少了批判才可能隨遇而安。

靜心讓你覺察到觀察家的角度

問題來了：如何和內心的觀察家合爲一體？又該如何擺脫自我的牽絆？雖然方法不只一種，不過若是想隨性放鬆、效果也良好，**靜心**（meditation）可說是最佳做法。透過靜心，意識能逐漸成熟，因此練習靜心能幫助我們更加覺察到觀察家的角度。只要加以練習，便能領悟人在靜心時能深入自己，因而平靜心靈並沖淡外來的牽絆。

靜心無關信仰，不過也確實存在於世界各大宗教。從古至今，綜觀幾大宗教的歷史，都可見類似的沉思過程加深了個人對於上帝力量的體認，在此當然也可以其他宗教的神祇替代。靜心不僅毫不可怕，如果你願意嘗試，甚至可能會發現自己萬分期待每日的靜心時光，因爲能從中獲得平靜澄澈的力量。

學習靜心毫無年齡限制，也毋須考量體能狀態。已經靜心三十餘年的我，一開始對此全無概念，初期我多少藉由閱讀和上課摸索學習，之後則在規畫較縝密的環境中向經驗更豐富的人士學習。談論靜心的好處等於紙上談兵，必須靠個人體悟領會，我強力推薦並樂意與有興趣的讀者分享，相關的閱聽資源請參考 www.thepracticingmind.com中我所分享的資訊。

DOC輔助法：行動、觀察、修正

無論靜心與否，刻意轉換成觀察家的觀點都有其必要。我採取了對於靜心大有幫助的方法，在此稱這套輔助法為DOC（Do, Observe, Correct），也就是「行動、觀察、修正」。DOC可以應用於任何想投入練習心境的活動，不過因為運用在運動等體能活動上最容易上手，以下便以此為例。

我讀過一篇美國射箭奧運團隊教練的專訪。這名教練表示他在指導美國團隊時最大的挑戰，在於選手們一心執著於分數，也就是射箭的結果，使得每回選手拉弓放箭都好像只為了正中靶心拿下高分。這種心態和亞洲國家的團隊形成對比，亞洲選手成長的文化與美國截然不同，專心投入歷程的他們力求將放箭之前的每個細節都執行到位。相較於正確地拉弓放箭，箭是否正中目標幾乎不再重要，選手也能以抽離的角度淡然面對射箭結果，因為他們深信只要將重心放在精準掌握拉弓技巧，射出理想的結果自屬必然。這些亞洲選手以全然不同的哲理去實踐努力，幾乎所向無敵。

在此分享這個實例，是爲了點出亞洲射箭選手採取的正是DOC運作：拉弓、放箭、觀察結果、繼續修正，也就是「行動、觀察、修正」，既無情緒介入也不帶批判，如此單純又沒有壓力。而且事實證明，身爲該領域多年常勝軍的他們，技巧上絕對無懈可擊。反觀多數的美國體育賽事，除了贏家，能眞心享受的選手幾乎寥寥可數，因爲勝利才是重點，選手多任由內心的批判牽著鼻子走，滿腦子想著競賽狀況，使得他們隨著各種情緒起伏而波動。相較於結果導向的美國選手，亞洲射箭選手的心平靜而純粹，同時幾乎百戰百勝。現在美國的運動心理學家也開始教導美國運動員採取類似的思考模式。

DOC法的確可能像心智預設般自然發生。如果請籃球員在場上的隨意位置投籃十次，開始投籃就是行動，接著觀察投球發展，最後根據觀察調整修正，在DOC法的運用上就如同預設般自然。我們的目標就是如同這名籃球員般，將DOC法自然融入生活中。

假設你覺得自己常常過度擔憂，希望採用DOC法調整，只要發現自己爲某事擔憂就等於完成了準則中的「行動」；接著「觀察」這項希望改變的行爲，觀察自己開始擔憂的同時，試著從中抽離，提醒自己當下正在發酵的情緒對於擔心的事情毫無幫助；盡可能擺脫這些情緒則是「修正」的部分，同時採取以觀察的角度面對問題。

若是發現自己又犯了擔憂的毛病，就再執行一次DOC的流程。「行動、觀察、修正」簡簡單單的三個步驟，不帶情緒或批判。儘管剛開始有些累人，但別忘了你可是在幫自己戒掉面對問題時的壞習慣，你可是因為擔憂的老毛病而浪費了太多的精力，反而難以發揮實力解決問題。沒過多久，培養出DOC習慣之後便能運用自如，就像對著標靶射箭時也許會發覺：「啊，這箭因爲瞄準時偏左而沒能正中目標，如此而已。下回記得偏右一些。」其實這當中有些遊戲的成分，得設法不讓情緒壞蛋攪局，只要加以練習，不久你將能體會處於當下的美妙，而且因此不再執著於自己的箭是否非得正中靶心。

跳脫當下的情緒

不過，千萬別將評比（evaluating）和批判混為一談，先有評比才能進行批判，未曾評比自然無法批判。所以評比或觀察後，大可以決定在念頭轉向批判前停下DOC流程，DOC法也就是**透過觀察評比努力的過程**，問問自己是否朝目標邁進？若是否定，就立即修正，批判這一步既然對於努力毫無價值，就直接跳過吧。

隨著DOC流程愈練愈熟，你也會更熟練於跳脫情境當下的情緒，同時也能靈活地將DOC法運用於較為抽象的情境，例如棘手的人際關係或艱難挑戰。一開始也許得憑藉著耐力和決心，抽離某個情境的時間才可能久到能應用DOC法，不過突破了那一刻便能進入嶄新階段。我常常會以電影《星際大戰》中的台詞提醒自己：天行者路克和莉亞公主等一群人，受到帝國星艦的攻擊，韓索羅面對著不可能的挑戰說道：「好戲登場嘍。」面對他人刁難或其他生活上的難關，類似這句台詞的話語就是斬斷情緒作用的最佳利器。

樂趣也的確在這種好戲中展開，讓恐懼或受辱的自我停止叫嚷，會帶來莫大的成就感，在這些時刻你會發現自己確實能夠跳脫憤怒或恐懼的沸騰，等於成為主宰自己這艘船的船長兼水手。假以時日，這套流程將愈練愈順，就像所有的練習活動般熟能生巧。隨著練習，你也會愈加和內在的觀察家合為一體，同時還會在這種情境下感受到時間步調漸慢，老神在在看著事情的發展，不再如以往般措手不及，因為抽離情緒波動的反射動作，已經成為你熟悉如本能的習慣。

運用DOC法處理憤怒：承認事實，修正反應

我曾經和某位客戶洽談了鋼琴修復的案子，最後一刻卻落了空。雖然雙方已經在好幾個月前就進行討論，並共同訂出兩邊都方便的時間，我也獨獨為了這件案子預留了數週的工作時間，但是到了要取琴開工的前幾天，客戶竟然告知我他決定不修復了。非自由業者也許未必能了解事情如此變卦意味著什麼：沒有工作

就沒錢賺，對於以件計酬的服務業更是如此。如果當天接了五件工作，每一件收取五十美元，一旦其中兩件取消就會大大影響當天收入，哪怕客戶道歉並重訂時間，當週收入勢必銳減，而我也無可奈何。這一件修復復古三角鋼琴的案子是個極端的實例，因爲我在星期三收到通知，但是隔週週一開始我整整兩星期都沒接任何案子。糟糕的是，我當時入帳的金額比預期短少了好幾千美元，所以實在是屋漏偏逢連夜雨。這時候我開始情緒高漲，啓動焦慮模式的同時大聲抗議、打抱不平——好戲登場了。

我先是悄悄退一步，好準備和觀察家攜手合作，接著就這件事設定了DOC流程，當時的我已經練習DOC法好些時候，所以可以刻意抽離地掛上電話，彷佛見到眼前由自我領兵的惱怒兵團排山倒海地朝我湧來。

我進行的流程如下：焦慮開始發酵時，先就此觀察評比，發覺自我之所以會爲此深感不平，其實是因爲擔心少了收入而批判，同時也了解這個情形是無法改變的過去，反映出的價値，無論好壞其實都取決於詮釋，接受或忽略端看我個人決定。到了修正的步驟，我決定忽略自我對於這件事好壞或公平與否的評判，轉而告訴自己這種狀況對於財務的影響就像潮汐漲退，有些案子能順利進行，有些就是接不成，正是因爲有後者才爲前者帶來更多價值。面對這個狀況，我盡力維持中立和抽離的心境，儘管內心的自我高聲喧鬧著：「但是明明就不公平，這樣不對！」我頂多視之爲干擾，專注於**接受事實**，不因自我的嚷叫分心。

那一次的DOC流程其實就是我從頭到尾的刻意運作：覺察惱怒的情緒湧起，以抽離的態度觀察內心對話，然後修正自己對於內心對話的反應。如此完成了DOC流程，減低內心焦慮，也平息了內心對話。剛開始十五分鐘左右，情緒可能還會再次波盪，使人對焦慮屈服，不過我已經下定決心在下一輪流程中繼續修正調整，並未對自己的表現評分。

如果朋友碰到相同的情形，我會以中立的旁觀者角度安慰對方，所以我盡力牢記著如何反應其實取決於個人選擇，當下的我決定自己的目標就是不被自我情緒沖昏頭，希望能掌握有意的選擇，刻意培養出客觀抽離的習慣。我重複著DOC流程，焦慮再次出擊的頻率和強度因此逐漸減弱，到了隔週的前幾天早已不見蹤影。這次的經驗對我而言意義重大，因爲我原本很可能因爲案子最後落空而連續數週心煩不已，擔憂的程度恐怕會深深降低生活品質。

儘管自我拚命地想嚇唬我，碎念著生活狀況會因那次挫敗深受影響，但是事實證明並非如此。這一點其實眞我一清二楚，多了那筆收入當然很好，但是對於養家生計其實並非必要，說穿了這個突發狀況只是麻煩、擾人罷了。

接到客戶通知後的兩、三天，我專注於解決問題。到了隔週星期一，我已經成功排滿了兩週的工作，甚至還多出一些撰寫本書的時間。回顧當時，**失去那次工作機會反而簡化了生活**，多出餘裕平衡一下負荷過重的工作量，而且我還因爲那次經驗而更認知到DOC法的價値，以及生活如何因此改變、提升。

我面對任何艱難的挑戰，都會運用DOC法。如果有人因爲心情不好而對我咆哮，我心頭就會浮現「好戲登場了，開始吧！」不過稍早也提過，我的目標從不是完全抽離、不受他人言行或生活起伏影響，如此會受制於**必須擺脫焦慮的新壓力**，反而可能造成反效果。我設定的目標單純在於好好投入練習DOC流程，同時覺察內心的對話，以掌握進一步運用DOC法的好時機。

決心開始慢跑的人不會第一天就去跑馬拉松，因爲如此強度的賽程所需的肌力和耐力需要時間和練習。同理，自律的毅力也是每天練習才能進步的歷程，一開始先以短時間爲單位並穿插休息時間，無論距離目標有多遠，只要覺察自己在努力，便意味著你正處於當下而且朝著個人目標邁進。記得，目標總會不斷向前移動，我們也因此持續演進、提升。

年紀增長未必會帶來智慧，身邊所有人都是學習和分享的好對象。

第八章

chapter 8

教孩子，
也從孩子身上學習

孩童和成人之間的差別就在時間觀點，今天就是一切，孩子活在當下並非選擇，而是出於本質。傾聽孩子的觀點有時候會帶來啟發，因為他們相較於大人，往往更能誠實坦然地面對自己的感受。我們在教導孩子的同時如果能夠傾聽自己，也能從中受益。

身為父母自然希望能教導孩子自己成敗的經驗，為的就是幫助孩子少走點冤枉路。諷刺的是，孩子在生活和投入練習的心境上可說比大人還超前，所以儘管我們有很多可以傳授的，但是也能從孩子身上學習。

每回我想向自己的孩子傳授一些知識、眞理其實都不太容易，原因在於孩童和成人對於生活抱持的**觀點**截然不同，是觀點不同而非喜惡偏好，雙方在後者上的差異恐怕沒有想像中大。孩子渴望的不出安全感、自由時間、好玩又沒壓力的活動，成人追求的眞有那麼不同嗎？

孩子跟成人的時間概念不同

成人和孩童的確有許多不同，對時間的概念就是一項差異。小時候的我總是覺得課堂時光漫長無止，暑假也恍如數年般長，時間的步調出奇的慢。每次我和孩子說下一週要去某個特別的地方，他們總是嚷著還要等好久，我卻總希望下一週最好一個月後再來，才有時間先完成所有的工作。我若是要求孩子在看電視或玩電腦前先做好功課，他們必定會喊著那半個小時的功課永遠做不完。

長大後的我們往往覺得時間過得太快，必須在過短的時間內完成過多的事，懷念著年輕時候單純的學生生活。時間的流逝好似隨著年齡增長愈發快速，季節交替和年份都向前飛快前進，十歲到二十歲的時間似乎有如一世紀那樣長，三十到四十歲之間卻好似只有兩、三年的光陰。

我不確定爲什麼會有這種感受，不過每個大人都深有同感，我想可能是因爲人在孩童時期（幸運的話），對於成人眼中的世間苦難和掙扎都還天眞無知，而且童年生活沒有成年之後的急迫感。

孩童和成人之間的差別就在**時間觀點**。孩子對於人生走向往往沒有太多概念，今天就是一切，孩子活在當下並非**選擇**，而是出於**本質**。矛盾的是，孩子進行的活動若是需要毅力，而大人在旁教導著要專注於當下，孩子往往卻無法理解。他們不懂爲什麼要投入需要長時間努力的活動——這也是超出此時此刻的時間概念。孩童的觀點對未來的發展沒有概念，也不明白長時間的自律和努力能結成豐碩的果實，但是成人的我們非常清楚。這樣的矛盾對於孩童和成人都既是優勢，也是劣勢。

以學習鋼琴爲例，許多孩子不懂練習的意義，是因爲他們沒有琴技的概念，也不懂彈得一手好琴能帶給自己的愉悅滿足。所以孩子容易失去耐心，不明白爲什麼一定得練。可是大人了解練習的重要，卻可能因爲相反的原因而感到不耐；我們明白何謂彈得好，也正因此而失去耐心。因此身爲成人的我們應該盡量觀察孩子本性中無憂無慮的特質，他們處於當下，也只爲當下。隨著孩子漸漸長大，進入總在抹滅這項特質的成人世界，我們也應該盡可能幫助他們保有這分赤子本性。

就我個人而言，練習加強本書提出的關鍵之所以重要，原因顯而易見。我因此對於生活的掌控更進一步，而且也因此更永遠接受生命中的可能挑戰與冒險，從中學會活在當下，享受處於此時此刻特有的愉悅平靜，而且在帶著清楚意識做決定的同時，也更有決策動力。

在教導女兒練習時，我正邊教邊學，還有許多努力空間，不過人都得透過親身經驗才能眞正學習。因此我採取了雙管齊下的教導方式：一方面是提醒女兒想想過去，她們也許對於未來還不清楚，卻知道自己走過的路。我會以她們經歷過的事件爲例，藉由這些困難挫敗或成功經驗，幫助她們了解當初事情的發展是因爲她們運用了哪些特質，如此有助於她們採用內心觀察家的觀點。

另一方面，我記得這樣的對話。她們如果不過於受到事件當時的情緒渲染，談話效果最好，所以我會在和女兒獨自開車時聊聊，如此她們的思緒才不會受到電視或電話等外界因素干擾。對話通常是這麼開頭的：「記得嗎？上週妳因爲學校發生的某件事氣呼呼的。」接著可能問問她們現在對事件感覺如何，如此便有機會讓她們了解情緒會影響人對於同一件事情的觀點。事情發生後的幾天或甚至一週再進行討論，孩子便有機會調整成較爲旁觀的觀點，我也有點時間考量該如何進行討論。

彈跳棒教我女兒的事

彈跳棒在前一陣子又掀起熱潮，有人也送了我的大女兒一支，她沒多久就跳得非常好，而且樂此不疲。小女兒收到的生日禮物則是玩具店的禮券，我帶著小女兒去店裡挑禮物時，她堅持要買一根自己的彈跳棒。彈跳棒製造商這次延攬了厲害的行銷人才，產品看起來都非常酷炫，多了許多增加彈跳感的部分，不過說眞的也只是換湯不換藥。小女兒帶著新買的彈跳棒回到家時，大女兒如何反應各位應該可想而知……她抱怨著自己的彈跳棒和妹妹新買的比起來單調又無趣，雖然兩支彈跳棒使用起來上下跳動完全相同，大女兒就是覺得自己的有所不足。

我想出了一個能讓大女兒深刻學習的解決之道。我先請她給自己兩週的時間來克服想買相同產品的渴望，我說：「只要妹妹願意，接下來兩週妳都可以隨時和她換來跳。」我也告訴她，儘管聽起來難以置信，不過她當下的感受其實只是會淡去的情緒，還說：「如果兩週後，妳還是覺得自己非得買新的，我會買給妳作爲發揮耐心的獎勵。」

我深知這種立即滿足帶來的快樂不可能持久，所以希望大女兒能夠捱到當下情緒退去。過了一週，兩姊妹對於撐著彈跳棒跳上跳下的樂趣也差不多用盡了，兩支棒子都被打入車庫冷宮等著退休。過了當初約定的兩週，我在開車時和大女兒談起當初的協定，並問她是否還想要新的彈跳棒。她向我道謝：「不用了，你說得沒錯，我現在眞的不太在乎了。」這一課可能會成爲她永久的回憶。

善用身教

教導孩子類似概念的另一個好方法就是**以身作則**。我還記得童年時期身邊大人的許多言行，而且大多不是什麼好示範。身爲父母，儘管無法全然掌控孩子在白天會觀察到哪些成人行爲，但是家長**本身的言行**對孩子的影響最爲重大，等於在替孩子定義可與否，以身作則勝過長篇大論。孩子如果成熟懂事到能夠學習面對困難，我便會和他們聊聊當天自己工作上的挑戰；面對壓力時，我也可能會和孩子分享心情點滴，讓他們看看我如何運用練習的心境排解壓力。孩子時時刻刻都在觀察父母的一舉一動，哪怕未必是刻意觀察，但是一言一行仍然盡收他們眼底。我就曾經發現孩子學習到我最好和最糟的特質，因而決心要格外留心自己無形之中對孩子的身教，並善加利用這股力量。

許多大人誤以爲自己不可能從年紀較小的人身上有所得，這可是自我本位又缺乏安全感的觀點，也呼應了我之前提到的：多數人堅信現代人的我們必定比古代的祖先更進步。然而我遇過的年輕人、甚至孩童中，成熟度和思路邏輯強過一些成人的不計其數，因爲現在的孩子比我們更早就得面臨學習的需要，所以他們在較小的時候腦子就塞進了更多知識，例如我女兒現在就比我就學時更早接觸到代數等概念。此外，傾聽孩子的觀點有時候會帶來啓發，因爲他們相較於大人，往往更能誠實坦然地面對自己的感受。

我的小女兒曾經參加過體操競賽。家長們總是希望這些活動能給孩子帶來樂趣，並非和壓力畫上等號。但隨著女兒過關斬將，時間和體力都日益吃緊。當時的她必須一週訓練三天，每次放學後大約只有一個小時到半個小時。回到家後晚餐吃得晚，有時候還得繼續寫作業到晚上十一點才能上床睡覺，隔天六點十五分被叫醒之後也只有四十五分鐘就得上學，然後再度開始同樣的作息時程。我當時認為這對於才十二歲的她而言太辛苦了，不過一開始女兒卻表示這就是她所渴求的。不過開學幾個月之後，她卻坦承自己連「靜靜坐著」的時間都沒有，只能「東奔西跑忙著下一件事，根本沒有時間暫停」。

這種時刻正是教導孩子並從中學習的大好時機。傾聽孩子對於自身生活方式的觀察，和他們聊聊優先順序、良好的觀點和投入練習的心境，我們同時也在複習這些課題。問問自己，你提供給孩子的建議是否自己也身體力行？是否能以身作則教導孩子價值觀？我不只一次在工作量超載時和女兒談到生活平衡的重要，以及有時候必須調整價值觀以維持平衡。我們在教導孩子的同時如果能夠傾聽自己，便也能從中受益。

刻意且重複的練習，必將迎來進步。

第九章
chapter 9
你的技能在成長

不切實際的完美標準其實不過是種習慣，只要我們加以努力，也能夠建立起活在當下的新習慣，藉此更貼近幸福。善用練習的心境和處於當下的準則，我們便能夠從中汲取力量，現在就展開一場個人蛻變吧！

人的技能時時刻刻都在發展，不過究竟是朝哪個方向前進？本書中分享的並非新知，反而是好幾世紀以來每個世代都在探討的課題。人唯有在了解自身的運作並從中取得平衡，才能夠感受到掌控的力量，也才可能安然從容地享受人生帶來的種種體驗。

這項概念的關鍵就是**活在當下**，以此清楚覺察自己的內外言行，透過對於自己的察覺就有機會主導個人決定。同樣重要的還有**專注於歷程**，以目標作爲啓程的指南針，專注於內心眞正目標的歷程，便能夠時時體會成就感。就算感覺自己在專注歷程時分了心，注意到自己偏離正軌這件事實就意味著本身已經再度回到當下，也代表已經頗有進展地在生活中融入了專注當下的概念。

秉持著這項準則，每個生活點滴都能豐潤圓滿，而且不再間接而是直接地體驗人生。人處在當下便能體驗生活眞實的發展，而非透過預設的濾鏡看未來，也不是用分析的濾鏡逗留於過去。多數人眞正投入此時此刻的時間極少，不是心繫於尙未發生（而且可能根本不會發生）的事，就是任憑過去的事件占據腦海，等於爲不切實際的過去和未來浪費體悟眞實當下的機會。

練習的心境，是幸福的祕訣

本書探討的好些準則都有助於培養處於當下的技能，同時讓相關練習進行起來盡可能容易上手。當你著手在生活不同領域應用這些準則時，必定會有挫敗的時候，但可別忘了這些挫敗其實源於自我在熟習新技能上所設立的理想標準。

我們的文化幾乎隨時隨地都在灌輸人們這種偏差的心態，從教育體系的評分機制到行銷媒體那些不切實際的完美理想，這種人人都想拿第一、得冠軍、當優等生的心態不僅可以戒除、褪下，更是希望活得眞正幸福必須克服的挑戰。切記，這種心態其實不過是種習慣，只要我們加以努力，也能夠建立起活在當下的新習慣，藉此更貼近幸福。每個人時時刻刻都在體現自己的習慣，如何應對人事物也只不過是習慣。善用練習的心境和處於當下的準則，我們便能夠體悟這項事實，同時從中汲取力量，以決定要展現的個人特質。現在就展開一場個人蛻變吧！

最後，我想下個總結：所有的社會一開始都爲了求生存而投入精力和資源。

如果成功捱過初期，該文化中的人們自然不再需要專注於生存溫飽，因爲新的階段不再需要擔心晚餐的著落，而是要討論晚餐的菜色，閒暇時間也增加了。然而這個階段的社會也正處於十字路口，眼前的一條路是將更多的閒暇時間投注於提升精神生活、加強對個人眞我的認識；另一條路則會導向只爲自我滿足而欠缺意義的無盡循環，說穿了就是不斷塡補現代人常見的心靈空虛。世界上所有（尤其是消逝的）偉大文明都可惜於精神生活的流失，身爲現代人的我們應該要謹記歷史教訓。

如果對每日生活忙碌的重點稍加觀察，你會發現這些身外之物在面臨個人危機時似乎不再重要，眞正的關鍵反而在平日人們毫不留意的事物上，例如個人和親友的健康、創意靈感的來源等，反而會成爲眞正的重點，車子外觀的小損傷和上個月吃緊的預算都成了芝麻小事。我希望無論各位的宗教信仰爲何，都能夠體悟到人生道路中汲取的精神力量才可能伴隨你一生，房子、工作、車子等物質來來去去，非精神的事物難以終生相伴，只有自己才是永恆。

練習的人生，純粹而不執著

秉持著這個概念，我們應該時常重溫自己畢生習成的東西，一路追溯到童年。你會發現小時候最寶貝的玩具對現在的自己已經毫無意義，而當年可是爲了那樣玩具茶不思飯不想；你可能也會察覺懷念其實和玩具本身無關，而是出於嚮往當時生活的單純，那美好的單純來自不知不覺就**本能地**活在當下。再想想這幾年來非要不可的「事物」，你會慢慢發現自己其實早已不太在乎，物質的事物尤其如此，車子、家具等物質的重要性和價值會隨著時間流逝，甚至讓你不禁懷疑當初究竟爲何執著。

如果你老是陷於執念，相信得到某些事物便能消除內心的空虛和苦痛，是該透徹看清的時候了。每個人只帶著眞我來到這個世界，離開的時候也只有眞我，精神上的拓展等於在豐富眞我以伴隨自己一生。搭著自我滿足的列車在人生道路行走就像在摧毀自我，趕快下車改變吧。所有持久且意義深遠的事物都需要時間和培養，也只有親自努力才可能有所收穫。

多數人對此多少有所覺知，不過生活中充斥著相反概念的訊息，難免使人偏離正路。其實若是謹慎選擇閱聽的電視節目、音樂或書籍雜誌等媒體，便能免除一定程度的干擾，只要無法豐富心靈就沒有必要。

最重要的是，開始發展練習的心境之後，和心境融為一體的過程就如同一場旅程，一場毋須掙扎而邁向安然的旅程。我在書中和各位分享的是自己努力後從生活中萃取的心得，希望這些文字對各位有所幫助，正如我受益於前人停下腳步所傳授的心得。別忘了，這些眞理不是什麼新概念，而是前人獲得平靜、提問深思後的答案，也是人類幾世紀以來不停研究學習的永恆課題。好戲登場了，開始吧！

致謝

在此謝謝所有促成這本書的人。

謝謝妻子潔咪、兩位女兒瑪姬和梅麗莎，感謝你們相信我，並對於這漫長的寫作過程抱以耐心。

謝謝父親終其一生鼓勵我並以友情相伴，感恩之情難以言喻。

最後，謝謝摯友兼編輯琳・布倫姆・麥克道威（這樣的雙重身分很是難得）。謝謝你一路幫助我將必要和想說的話化爲文字，幾位編輯都是這本書得以出版的幕後英雄。

Eurasian Publishing Group
圓神出版事業機構
方智出版社 Fine Press

www.booklife.com.tw　　reader@mail.eurasian.com.tw

生涯智庫 178

練習的心境：學習、職場、人際、教養全適用的刻意練習心法

作　　者／湯姆士．史坦納（Thomas M. Sterner）
譯　　者／陳繪茹
發 行 人／簡志忠
出 版 者／方智出版社股份有限公司
地　　址／台北市南京東路四段50號6樓之1
電　　話／（02）2579-6600．2579-8800．2570-3939
傳　　真／（02）2579-0338．2577-3220．2570-3636
總 編 輯／陳秋月
副總編輯／賴良珠
主　　編／黃淑雲
責任編輯／溫芳蘭
校　　對／溫芳蘭．胡靜佳
美術編輯／李家宜
行銷企畫／詹怡慧．王莉莉
印務統籌／劉鳳剛．高榮祥
監　　印／高榮祥
排　　版／杜易蓉
經 銷 商／叩應股份有限公司
郵撥帳號／18707239
法律顧問／圓神出版事業機構法律顧問　蕭雄淋律師
印　　刷／祥峰印刷廠

2020年3月　初版
2021年9月　2刷

定價290元　　ISBN 978-986-175-548-9　

如果每天都能進步百分之一，持續一年，最後你會進步三十七倍；
若是每天退步百分之一，持續一年，到頭來你會弱化到趨近於零。
起初的小勝利或小倒退，累積起來會造就巨大差異。

——詹姆斯·克利爾（James Clear），《原子習慣》

國家圖書館出版品預行編目資料

練習的心境：學習、職場、人際、教養全適用的刻意練習心法／湯姆士·史坦納（Thomas M. Sterner）作；陳繪茹 譯. -- 初版. -- 臺北市：方智，2020.03
192 面；14.8×20.8 公分 --（生涯智庫；178）
譯自：The practicing mind : developing focus and discipline in your life – master any skill or challenge by learning to love the process
ISBN 978-986-175-548-9（平裝）

1.成功法　2.學習

177.2　　109000463